NOTES

CHRONOLOGIQUES

NOTES

CHRONOLOGIQUES

POUR SERVIR A L'HISTOIRE DE BORMES (VAR.)

PAR

M. Philémon GIRAUD.

HYÈRES

Chez CRUVÈS Imprimeur-Libraire Éditeur et chez
l'Auteur à Bormes (Var.)

1859

DÉDICACE A MA FILLE.

Quand le CHRIST, sur le Calvaire,
Voilant son front radieux,
Fut près de quitter la terre
Pour remonter vers les cieux :
« Jean, » dit ce MAITRE adorable
Au disciple inconsolable
Que son âme chérissait,
Et que la douleur brisait ;
« Adieu ; je pars mais te laisse
« Non pas l'or ni la richesse,
Vaine idole des fils de ce fangeux séjour ;
Mais un trésor que la rouille
De son dard jamais ne souille,
Une mère, Marie, et son immense amour. »

VI

Moins heureux que le CHRIST, ô ma blanche *Corinthe*,
Je pourrais bien te dire ainsi que sa voix sainte
Dit à Saint Jean : « Adieu! ma fille, et sans retour » ;
Mais pour pouvoir, hélas! calmer ta peine amère,
Je ne puis te laisser de trésor sur la terre
Qui soit digne de ton amour.

Car, hélas! *tu le sais* ; de ses parfums à peine,
Ta mère, ma Silvie, avait charmé mon cœur,
Que le vent de la mort, de sa brûlante haleine,
Vint flétrir, sous mes doigts, cette odorante fleur.

O ma Silvie!
Mon cœur, ma vie,
Pourquoi sitôt délaisser ton époux ?
Ma douce amie,
Vers la patrie,
Pourquoi sitôt prendre ton vol jaloux ?

Ah ! le bosquet pour nous, n'avait-il plus de charmes ;
La nature, de fleurs ; la vertu, de plaisirs?
Nos yeux n'avaient-il plus de larmes ;
L'amitié, de tendres soupirs ?....

. . . . !

Et, pourtant, pour calmer ma tristesse profonde,
Pour tromper les ennuis de mon cœur déchiré,
Devais-je, des plaisirs, presser la coupe immonde ?
Devais-je de mon doigt, briser l'anneau sacré ?....
Mais les plaisirs honteux, mais l'oubli, l'inconstance,
Ne sauraient de mon cœur, combler le vide immense ;
Je nourris dans mon sein de plus graves désirs !
De plus nobles travaux réclament mes loisirs !

Des siècles écoulés, ranimer la mémoire ;
Parcourir tour à tour, sur le char de l'histoire,
Les temps qu'ont parcourus les générations,
Les lieux qu'ont labourés leurs révolutions ;
Interroger des morts la poussière endormie ;
Écouter les accents de cette voix amie
Que, du sein du tombeau, l'ombre de nos aïeux
Fait entendre toujours au cœur religieux ;
Scruter avec respect les secrets de la tombe ;
Prêter l'oreille au bruit d'un empire qui tombe ;
D'un trône qui s'écroule ou d'un peuple qui meurt ;
Ou d'un vol trop hardi ralentissant l'ardeur,
Dans les champs paternels, concentrant mon étude;
M'asseoir à ce foyer où, sans inquiétude,

VIII

Nos pères, à leurs fils, racontaient les exploits
Du seigneur du canton, ou des preux d'autrefois ;
Recueillir, en un mot, l'histoire du village ,
Voilà les seuls plaisirs de mon triste veuvage ;
Voilà les seuls travaux, les uniques amours
Qui de mes jours brisés peuvent remplir le cours.

   A toi, de ma Silvie, ô la vivante image !
Corinthe , à toi les fruits de mes longs jours de deuil.
Si mes simples récits dans leur naïf langage ,
De l'histoire, n'ont pas le faste ni l'orgueil ,
J'aurai toujours atteint le but de mes pensées ;
Car, en fouillant des morts les cendres entassées,
J'aurai, de mon néant, sondé la profondeur !
J'aurai pesé la vie et calmé ma douleur.

INTRODUCTION.

⸻ ⋆ ⸻

Nous ne croyons pouvoir faire rien de mieux que de présenter à nos lecteurs le tableau des divers peuples qui habitaient la Provence dans les temps primitifs ; et que nous avons extraits en partie du récit de l'histoire de Provence de M. C. J. Terrin.

« Des peuples nommés LYGIENS par les Grecs, LIGURES par les Romains (1) habitaient, dans les temps primitifs, cette portion des Gaules qui reçut plus tard le nom de PROVENCE, après avoir possédé longtemps celui de LIGURIE.

« Les LIGURIENS seraient venus du sud-ouest de l'Espagne, 16 siècles environ avant l'Ere chrétienne ; ils luttèrent longtemps contre les GAULOIS. Les historiens grecs nous représentent les

(1) LIGOUR signifiait, dans l'ancienne langue celtique, homme de mer.

Ligures comme un peuple sans arts, sans police, et même sans demeure fixe. Corsaires hardis et féroces sur la côte, ils vivaient de la piraterie, à l'aide de barques fragiles ou de larges radeaux soutenus sur des outres; infatigables chasseurs dans les montagnes et les forêts, ils poursuivaient les bêtes fauves et luttaient avec elles de force et d'agilité! (1) « Quand le plus faible d'entre nous, » disaient-ils, « appelle en combat singulier le Gaulois le plus fort, c'en est fait toujours de ce Gaulois. » (2) Leurs armes étaient un petit bouclier et une épée d'une longueur médiocre; ils ne s'en séparaient pas même à la mort : on les brûlait, ou on les enterrait avec eux.

Ils avaient une taille petite, une complexion sèche mais nerveuse; un son de voix fort et rude, une chevelure flottante. (3) La ceinture serrait au milieu de leur corps, une tunique de peau de bête; sobres, durs, hospitaliers, ils passèrent néanmoins, dans l'antiquité pour fourbes, perfides, intéressés. (4) Vains, légers, curieux, téméraires, les femmes avaient parmi

(1) Diodore de Sicile, liv. 4, ch. 6.
(2) Diodore de Sicile liv. 4.
(3) Diodore de Sicile.
(4) Virgile, Géorgiques, liv. 2.

eux une influence inconnue dans le reste des
GAULOIS. (1)

Il est probable qu'ils professèrent la religion
des *Gaulois*; ainsi, les horribles superstitions du
culte druidique ont ensanglanté nos contrées.
Les épaisses forêts qui couvraient alors la Provence, ombrageaient des autels informes; sur
ces autels, s'élevaient de hideux simulacres d'Esus
ou de TEUTATÈS, devant lesquels, les Druides,
ou prêtres gaulois, brûlaient des figures d'o-
siers pleines de victimes humaines.

Les LIGURES se divisaient en peuplades indépendantes, et chacune avait son chef. Les
SALIENS ou SALUVIENS, étaient les plus puissan-
tes de ces peuplades; leur quartier général paraît avoir été le pays des plaines, où s'éleva, plus
tard, la ville d'Aix. Les CAVARES occupaient une
partie du département de Vaucluse, où sont
aujourd'hui situées Orange, Avignon, Cavaillon,
Carpentras. Les VOCONCES s'étendaient des Cavares du nord au midi, jusqu'à la Durance, dont
ils ne passaient pas les limites. (2)

Les OXIBIENS habitaient les bords du fleuve
d'Argent; les DÉCÉATES, les environs d'Antibes;
les COMMONES, la côte, depuis Marseille jusqu'à

(1) Plutarque, *de virtut mulier.*

(2) Honoré Bouche, chronologie de la Provence.

Fréjus ; les ANATALIENS, les bords du Rhône, jusqu'au dessus de la Camargue ; les DESUVIA-TES , entre Tarascon, les Beaux et St-Remy,

les REIENS APOLLINARES, le territoire de Riez ; les BODIONTICIENS, celui de Digne ; les EDENA-TES, les environ de Seyne. (1)

(1) Ch.-Jh. Terrin, hist. de Prov.

PRÉFACE.

Je crois devoir prévenir avant tout le lecteur
que je n'ai point la prétention d'avoir écrit mon
livre. Il est le résultat de mes lectures et des
notes plus ou moins intéressantes que j'ai rele-
vées et prises en parcourant de nombreux volu-
mes relatifs à l'histoire de Provence, ou les archives de la maison Communale de Bormes. Le talent d'écrire ne se donne pas : On l'acquiert par
de longues et pénibles études auxquelles mon
éducation et ma vie professionelle ne m'ont pas
permis de me livrer. Mais tout le monde peut
lire avec fruit; c'est ce que je crois avoir fait;
et, en cela, j'ai suivi l'exemple d'un écrivain illustre de notre pays, M. Raynouard. J'ai cru que ces
notes chronologiques pourraient être livrées à l'im-
pression et qu'elle formeraient un volume intéres-
sant pour les habitants de nos contrées. Tous ces
faits épars et ramassés un à un dans divers ouvrages et réunis comme en un faisceau, présen-
tent alors un ensemble qui porte avec lui un
cachet historique qu'il est utile d'imprimer de

bonne heure dans la mémoire des enfants du pays. En effet, on s'attache d'avantage aux institutions dont on a découvert les origines, aux ruines dont on sait la tradition, au sol dont on connait les annales, toutes modestes qu'elles qu'elles soient. C'est là le cas de Bormes et de son histoire. Ce sera à mes compatriotes à juger si j'ai convenablement rempli mon humble rôle de compilateur, et la tâche que je me suis imposée. Ma récompense sera dans leur approbation et celle de quelques hommes laborieux qui qui ont consacré leurs veilles à chercher, à retrouver et à conserver les titres de notre antique province.

NOTES

CHRONOLOGIQUES

SUR BORMES.

VEDIANTII, DECIATES, OXIBII, LIGAUNI, SUETRI, QUARIA-
TES, ADUNICATES, VERRUCINI, SUELTERI,
CAMATULICI, BORMANI, COMMONI, AVATICI ANATILI.

(Papon, hist. de Prov. t 1, p. 117, et Fauchet, préfet
du Var, statistique générale de France, page 187).

BORMES.

« Papon qui aprês Bouche l'ancien a été mon
principal guide, dit à propos de BORMANI, premier habitant de Bormes, qu'il faut adopter cette
expression, au lieu de celle de BORMANICO MACI-
NA, ainsi qu'il y a dans Pline. Mais cette correction ne lève pas toutes les difficultés ; (1) il nous
restera toujours à savoir ce que signifie COMACINA,
que cet écrivain laissa subsister avec BORMANI, et
dont nous ne connaissons point l'emplacement. Je
pense qu'on doit substituer une autre leçon à
celle du Père Hardouin, et qu'il faut lire BORMANI
COMACINI. Cette correction est d'autant plus
naturelle, que nous trouvons dans les COMACINI

(1) Cette difficulté ne nous en paraît pas une il y a dans
Pline nous nous en sommes assuré BORMANICO, et MACINA,
ce sont tout simplement deux lieux différents.

1

les Commoni de Ptolémée. Il y a toute apparence que ces deux auteurs leur donnaient le même nom, et que la différence ne vient que de l'inexactitude des copistes, qui auront écrit, Commoni pour Comacini. Quoi qu'il en soit, de de cette conjecture, on ne peut fixer la position des Bormani qu'à l'endroit où se trouve Bormes, près de la mer, entre Saint-Tropez et Hyères. La ressemblance du nom de Bormani avec Bormes, autorise cette opinion, qui est celle de Danville, et qui ne peut être appuyée d'aucune autre raison. Les Bormani et les Camatulici étaient sûrement deux peuples compris sous le nom général de Comacini, suivant notre correction, ou de Commoni, comme les appelle Ptolémée, qui leur attribue les territoires de Marseille, Tauroentum, Cereste, Olbie, le fleuve d'Argent et Fréjus. Adrien Valois aimerait mieux que le géographe eut nommé à la place des Commoni, les Coenomani, qui occupaient une partie de ce que renferme le diocèse du Mans. En effet, Caton le censeur disait, au rapport de Pline, que les Coenomani s'étaient fixés près de Marseille. *Cenomani juxta massiliam habitasse in volcis.* L'histoire nous apprend que quand Bellovese (1) partit des

____

(1) Chef Gaulois qui vivait 164 ans avant Jésus-Christ.

Gaules pour aller en Italie, il passa par la Provence, et secourut les Marseillais, à qui les Salyens faisaient la guerre. Il peut se faire qu'un corps de ces Gaulois ait quitté le gros de l'armée, et qu'il se soit arrêté dans le pays que Ptolémée leur attribue. Cette explication me paraît la plus satisfaisante qu'on puisse donner ; et, s'il est vrai que les Commoni occupaient les côtes depuis Marseille jusqu'à Fréjus, il faut qu'on ait donné leur nom à tous les Gaulois établis dans cette partie maritime de la province. On aura distingué les Camatulici et les Bormani comme étant les plus remarquables, de ceux qui s'arrêtèrent à l'endroit que nous leur avons assigné. (1) »

« Selon Achard Bormes, vulgairement *Bouermo*, en latin *Borma* ou *Bormium*, était un bourg du diocèse de Toulon et de la viguerie d'Hyères, situé vers le 24ᵉ de longitude orientale et le 43° 5 minutes de latitude, à un quart de lieue de la mer, sur le penchant d'une colline. On y compte environ 1,500 âmes ou autrefois 14 feux.

On ignore l'époque de la fondation de ce lieu. Les *Bormani* dont parle Pline, seraient-ils ses premiers habitants? C'est assez l'opinion des auteurs modernes.

(1) Papon hist. de Prov. t. 1, p. 120.

En 1482, saint François-de-Paule, appelé en France par Louis XI aborda à Bormes. Ce lieu était alors affligé de la peste; une sage précaution en avait interdit l'entrée à tous les étrangers; mais ce saint ayant demandé des secours et des raffraichissements qu'un long trajet lui rendait nécessaires, Bormes lui ouvrit ses portes, et il récompensa la charité de ses habitants par la guérison de quelques malades.

La dévotion à ce saint a passé d'une génération à l'autre, et les gens de Bormes attribuent à la protection de saint François-de-Paule leur délivrance de la peste. En effet, depuis son arrivée en Provence, ce bourg n'a jamais été atteint de ce fléau, aux différentes époques où il a paru et surtout en 1720, lors même que la contagion infestait les pays voisins. La reconnaissance a élevé une chapelle en l'honneur de ce saint protecteur, dont la fête est célébrée annuellement le 4 mai, avec pompe et dévotion. Vers le milieu du siècle dernier, les Minimes obtinrent une maison dans ce lieu. On peut citer leur réfectoire comme une des parties du couvent qui méritent le plus l'attention des connaisseurs, par la beauté des peintures à fresque qui existent encore sur les murailles du fond, et que l'on doit au pinceau du P. Plumier. Ce couvent était le vieux château de Bormes. Il fut fondé par la maison de Covet. La paroisse, desservie par un curé à la collection des évêques diocésains, et par deux vicaires amovibles, est sur le titre de saint Trophime. La fête se solennise le 29 décembre.

Sur les bords de la mer, à une petite demi-lieue du bourg, on trouve la chapelle rurale de saint Clair, où la dévotion attire bien des gens des villages voisins le 2 de janvier. On invoque saint Clair contre le mal des yeux. La joie et les amusements ont fait établir une seconde fête le lundi de la Pentecôte, jour destiné au *romérage* de saint Clair. On voit auprès de cette chapelle, des arbres de la famille des orangers les poncires entre autres qui portent des fruits d'un volume extraordinaire. »

Les jardins de Bormes sont plantés d'orangers et de citroniers. Tout le territoire est couvert d'oliviers, de vignes et d'arbres fruitiers. Les collines sont très-fertiles; on y recueille du blé et des châtaignes. On doit ces productions à la température du climat, qui en outre est assez sain.

Au bas de la plaine, est le hameau du Lavandou, où l'on a établi une pêcherie. Les Catalans viennent chercher du corail dans la rade de Bormes, c'est là que se rencontre aussi le port Lavandou de nos marins, etc.

Bormes a porté autrefois le titre de baronnie, ses armes, sont d'azur au lion rampant d'or. Le ruisseau de Batailler arrose le territoire.

Pour complêter ce qui vient d'être dit au sujet de Bormes, je ferai connaître ce qu'en ont écrit encore quelques auteurs.

« M. garcin dit de son côté. Bormes, Borma ou Bormium, bourg du canton de Collobrières, à neuf lieues de Toulon. Son nom annonce assez que les Bormani, peuple Celtoligien habitaient dans la contrée ; mais rien ne prouve que le chef-lieu fût à Bormes. Je suis fondé à croire que leur *Mallus* était au même endroit ou se trouve la ville d'Hyères, position la mieux à portée d'Olbia, qui était le port de ce peuple, d'où l'on tirait des poissons en abondance. D'ailleurs, c'était là, à peu près, le centre du pays que ce peuple occupait, tandis que le lieu où se trouve Bormes en aurait été tout-à-fait à l'extrêmité.

Le territoire de Bormes offre du talc savonneux argenté, des terres ferrugineuses, connues dans le commerce, sous le nom de crayon sanguin ; des terres bolaires, du poudingue assez compacte et des forêts de pin.

Tous les auteurs anciens qui ont écrit sur la Provence, s'accordent à dire que les Bormani

Dictionnaire géographique par Achard, 1787.

occupaient la côte maritime de Bormes et d'Hyères; et que ce peuple avait pour voisin, d'un côté, les Commoni, et de l'autre les Cama-tulici; d'après cela, il résulterait que le pays des Bormani n'avait sur le littoral, qu'une étendue d'environ trois lieues, espace fort ré-tréci pour un peuple qui avait besoin d'une vaste étendue de terre, pour s'y livrer à l'exer-cice de la chasse. De nouvelles observations, que je viens de faire sur le lieu même, m'ont prouvé clairement, que les Bormani ont dû occuper nécessairement toute la vallée du Ga-peau jusqu'à sa source, ainsi que celle du Réal-Martin jusqu'à l'extrémité du territoire de Pi-gnans. Je dis plus : la situation des lieux m'a convaincu que ce peuple avait son chef-lieu à l'endroit même où se trouve Solliès-Ville, et une bourgade sur la hauteur qui domine la ville de Cuers. Mais, ainsi que tous les autres peuples dont le territoire avoisinait la mer, les Bor-mani avaient établi près de la côte, des cabanes pour ceux qui se livraient à la pêche et à la piraterie. Ces cabanes se trouvaient sur l'am-phithéâtre où se trouve la ville d'Hyères, et au pied d'un retranchement naturel qui a dû être le poste le plus fort de toute la contrée.

Les Cénomani, peuple qui avait suivi Bellovèsc dans sa migration, et qui l'abandonna pour s'établir sur le littoral, depuis Marseille jusqu'au Var ; les Coenomani, dis-je, vinrent augmenter le nombre des cabanes des pêcheurs Bormani. Quelques-uns, secondés par des Marseillais commerçants, jetèrent les fondements de la ville d'Olbia sur le bord de la mer, à l'est du golfe d'Hyères, et à peu près au même endroit qui porte encore le nom de port de l'Eoube. (1) »

« Depuis Toulon, en suivant la côte, jusqu'à Fréjus, on est sur le territoire des anciens Commoni, qui dépendaient des Salyes, ainsi que les Bormani, dont Bormes tire son nom. (2)

« Honoré Bouche avait dit avant eux. Bormes, Item Castrum de Borma, Bormes, 14 feux en la viguerie d'Hyères, ancienne baronnie, où il y a maintenant un couvent de Minimes, depuis l'an 1654, et tient-on par tradition confirmée par quelques écritures que saint François-de-Paule fit autrefois en ce lieu quelques miracles, et on lui attribue entrautres, d'avoir guéri beaucoup de personnes de la peste. (3) »

(1) Garcin dictionnaire historique et topographique, de la Provence t. 1 p. 162 et 557.
(2) Milin, voyage dans les départements du midi de la France, t. 2, p. 455.
(5) Honoré Bouche, hist. de Prov. t. 1, p. 540.

Les parages de Bormes. ainsi qu'il a été dit, sont couverts de bois de pin, ce qui entretient une foule de bûcherons pour la coupe du bois de chauffage, dont on fait un commerce particulier.

Le *vitex, agnus castus* (*lou pébré*), se trouve en grandes touffes dans la plaine. On trouve encore la *Bisserula pelecinus* répandue dans la plaine. (1)

« Il y avait à Bormes dans le couvent des Minimes 16 religieux. (2) Les productions de ce pays sont pour les terres cultivées, le seigle, le blé, le vin, l'huile, les haricots noirs et des châtaignes. Ses Landes, vastes et couvertes de cistes, de bruyères et d'arbousiers, nourrissent le pin et le chêne-liége. On trouve dans son territoire des pierres ollaires et de chromate de fer, du talc et des terres ferrugineuses. »

« Foire le 19 mars. Population, en 1854, 2019 habitants. Superficie 12,564 hectares, 85 ares. Distance de Toulon 29 kilomètres. » (3)

« Bormes est saccagée par les Sarrasins en l'année 730; (4) ravagée par une troupe de cor-

(1) Darluc, histoire naturelle de Provence t. 5, p. 265.
(2) Mém. concernant le pays et gouvernement de Provence dressé par M. le Bret, année 1700, p. 251.
(3) Stat. du Var et statist. générale de France. p. 187.
(4) Archives com. et Garcin, t. 2, p. 525.

saires en l'année 1393; (1) « *une troupe de corsaires bannis du païs se saisirent du fort de Bregançon et ravagèrent toute la coste de Provence jusqu'aux mers de Marseille,* etc. » (2)

« Elle fut livrée aux flammes, comme presque tous les pays situés sur les côtes de Provence, par les Africains vers l'an 1529; (3) pillée et saccagée par l'armée d'André Doria, en 1539. » (4)

« En 1579, les Carcistes prennent BRÉGANÇON et COGOLIN, où, contre leur foi donnée, ils violent plusieurs femmes, saccagent la place ; tous les bourgs et villages des alentours sont désolés ; les campagnes sont ruinées ; les filles sont ravies des bras de leurs mères ; les femmes sont violées devant les yeux de leurs maris.

La même année, Brégançon et Cogolin sont repris. » (5)

(1) Arch. com.
(2) Ruffi, hist. de Marseille, liv. 1er, p. 547.
(3) Arch. com. Papon, hist. de Prov. t. 4, p. 52.
(4) Arch. com. Papon, hist de Prov. t. 4, p. 70.
(5) Nostradamus, hist. de Prov. p. 824 et 824.

SEIGNEURS DE BORMES.

MAISON DE FOZ AYANT SEIGNEURIÉ A BORMES
L'ESPACE DE 283 ANS.

« Après la mort de RAIMOND BÉRENGUIER,
comte de Provence, de la maison de Barcelone,
Béatrix, sa quatrième fille, et son héritière universelle, entra en possession de toutes ses terres,
en vertu du testament de son père, sous la direction et conduite de Romieu de Villeneuve et
Albert de Tarascon, substitués à la place de
Guillaume de Cotignac, déclaré tuteur de la
princesse, par le testament de son père ; comme
elle possédait un très-bel héritage, qui aurait
bien accommodé le comte de Toloze, dépouillé
d'une grande partie de son bien, il ne manqua
pas de la rechercher, aussi bien que le roi d'Aragon pour un de ses enfants ; mais l'un et l'autre

y perdirent leur temps, et elle fut mariée à
CHARLES de France, frère de St-Louis, vers le
commencement de l'hiver de l'année 1245 ; et
St-Louis donna à son frère en considération de
ce mariage, les comtéz d'Anjou et de Maine.

Incontinent après, il prit possession des comtéz de Provence et de Forcalquier, et reçut
l'hommage et le serment de fidélité de tous ses
vassaux, et principalement des Princes d'Orange,
pour les terres qu'ils possédaient en Provence ;
et comme Arles, Avignon et Marseille se préten-
doient être villes libres et indépendantes, et ne
le vouloient, en aucune façon, le reconnoître, il
leur fit la guerre, et les rangea au devoir et à son
obéissance. Il accompagna le Roy St-Louis, son
frère, en son premier voyage du levant ; et à
son retour, il se rendit maître de ces trois villes,
qui avoient remué pendant son absence. Comme
il ne pouvoit souflrir d'autres souverains en Provence que luy, et qui après avoir acquis les droits
sur la ville de Marseille, força les seigneurs de
Grignan et de Sault de luy prêter hommage. »

« Il ne trouva pourtant pas la même facilité
envers Roger d'Hyères, et Bertrand de Fos,
frères, seigneurs d'Hyères, enfants d'Amelin de
Fos et d'Alasic de Laidet ; de manière que
Charles, voulant avoir cet état d'Hyères, leva des

troupes et fut assiéger la ville et le château
d'Hyères. Les frères de Fos souteindrent ledit
siége pendant cinq mois. Enfin, étant réduits à
des grandes nécessitéz, quelques évêques, seigneurs circonvoisins et leurs parents, tâchèrent
d'ouvrir quelques traitéz de paix, ce qui ayant
été accepté de part et d'autre, leurs différends
furent remis à des arbitres, parents et amis des
parties ; ce furent les évêques de Fréjus et de
Nice, de la part du comte de Provence, et de
la part des séigneurs d'Hyères, ce furent Rostang d'Agoult et Robert de Lavena, ses parents
et pour cinquième arbitre, les parties convien-
drent de la personne d'Arnaud de Villeneuve ;
lesquels ayant fait considérer aux frères de Fos
qu'ils ne pouvaient pas résister à un si grand
prince, frère du roy de France, et qu'il fallait
avaler une pilule si amère, et songer à se défaire
de ladite ville d'Hyères, puisqu'ils n'avoient pas
moyen de l'empêcher, et que leur opiniâtreté
pourroit les priver de tirer une récompense
qu'ils luy procureroient dans l'accommodement;
de manière que les seigneurs jugeant bien du
mérite de ces raisons, et que les princes leurs
aînez vicomtes de Marseille, en avoient fait de
même, longtemps auparavant et n'étant plus
prince d'un si puissant état qu'était, celui de

Marseille, ils ne pourraient plus être secourus d'aucun endroit commode et assuré, ils donnèrent les mains à la transaction du 15 octobre 1257, par laquelle Roger d'Hyères et Bertrand de Fos frères et Mabile de Fos, sœur, remirent au comte de Provence ladite ville d'Hyères, son château, son terroir, ses îsles, droits, juridictions, pêches et généralement toutes les appartenances et dépendances ; et le comte de Provence promit de leur donner des terres en toute justice jusques à la valeur de 10,000 sols royaux ; en exécution de laquelle transaction, ledit comte donna auxdits frères et leur sœur, les terres de Bormes, la Môle, Collobrières, la Verne, Cavalaire, Pierrefeu, le Canet, Claret, Curban et autres. Voilà où prit fin l'état d'Hyères, qui avoit duré, depuis l'année 1140, qui fut donné en apanage par Geoffroy II du nom, vicomte de Marseille, à Pons de Fos, son puiné. Cette transaction fut faite l'an 1257. » (1)

Pons de Fos fit la branche des seigneurs de Bormes. Sa postérité continua de siècle en siècle, et se divisa en deux branches vers l'an 1400, en la personne de deux frères appelés Rossolin de Fos, mais qui ne tardèrent pas à finir. Les

(1) Pierre Louvet, hist. de Prov. p. 159. Etat de la Prov. dans sa noblesse, t. 5, p. 54.

biens de Rossolin de Fos l'aîné, ou le majeur, furent transportés aux seigneurs de Bar de la maison de Grasse, parmi lesquels il y avait la terre de Bormes. Ce Pons de Fos III, était fils d'Amiel de Fos, qui était fils de Gui de Fos, fils de Pons de Fos, vicomte de Marseille. (1)

« Charles d'Anjou ayant abattu Boniface de Castellane, songe à ôter aux autres d'entre la noblesse, les moyens de lui faire autant de peine que Boniface lui en avait fait. Pour cela, il entreprend de mettre sur le pied commun ceux de la race des vicomtes de Marseille; il commence par leur ôter leurs grandes places. Cela se fit néanmoins d'une manière fine, mais honnête par des échanges et par des traitéz. Il retire de Roger d'Hyères, de Bertrand de Fos, de Mabile, frères et sœurs, les portions qu'ils avaient à Hyères, il leur donne Bormes et d'autres revenus. » (2)

(1) Ruffi, hist. de Marseille.
(2) Gaufridi, hist. de Prov. p. 145.

GÉNÉALOGIE

DE LA MAISON DE FOZ OU FOSSIS.

« La maison de Foz tire son origine des vicomtes de Marseille, comme il est aisé de le justifier par les archives de ladite ville. Elle a pris son nom de la terre de Foz située sur la mer du Martigue. Les latins la nomment *de fossis*.

« I. Pons de Foz, troisième du nom, fils puiné de Geoffroy II, vicomte de Marseille, eut pour son apanage du marquisat de Foz, la souveraineté d'Hyères, de Bregançon et des Isles-d'Or, les seigneuries de la Garde, la Vallet. Cabrières, etc.; et la conseignerie de la ville d'Aix, capitale de la Provence : il fut marié deux fois ; de sa première femme il eut un seul fils Amiel de Foz, qui suivra, et duquel sont descendus tous ceux qui portent le nom de Foz ; de la seconde, il en eut quatre, Geoffroy, Irat, Guy, Camerlène, Guillaume de la Garde et Pons de Foz : de tous lesquels il n'y a eu aucune suite. »

« II. Amiel de Foz, quelquefois surnommé Guillaume seigneur souverain d'Hyères, de la Garde, la Valette de Cuers, de Porrières, de

Peinier, de Tret, etc., par acte du 2 avril 1204,
il donna permission au nommé Bertin, citoyen
de Marseille, de naviguer aux îsles d'Hyères. (1)

Ildefons, comte de Provence, ayant surpris la
ville et château d'Hyères, pendant l'absence
d'Amiel de Foz ; Amiel y accourut en diligence,
força les troupes du comte de s'enfermer dans
le château où il les assiégea. Le comte vint au
secours des siens. Amiel luy va au devant, luy
donne combat et défait ses troupes ; il revint à
Hyères où il força les troupes qui estoient dans
le château. »

« Il est enterré en un tombeau à côté droit
de la porte du couvent des Cordeliers d'Hyères,
où son fils, Guillaume et ses prédécesseurs sont
enterréz. On voit de l'autre costé de la porte le
tombeau d'Alasie de Laidet, sa femme, laquelle
en 1252, donna une partie du terroir du chasteau de Lavena, qu'on appeloit de Murat, à
l'église dudit châsteau ; elle procréa à son mary
quatre maslés et une fille. 1. Raymond Geoffroy ;
2. Guillaume de Foz, surnommé le grand marquis de Foz, mort sans postérité, qui est aussi
enterré au même tombeau de son père Amiel ;
3. Roger suivra en son lieu ; 4. Bertrand de Foz,

(1) Archiv. de Marseille.

seigneur de la Garde, la Valette et Moustier, qui, par acte du 14 mars 1262, notaire Guillaume de Ste-Marie, échangea les terres de la Garde et la Valette avec Charles d'Anjou Ier du nom, comte de Provence qui lui donna les terres du Cannet et de Pierrefeu ; 5, Mabile de Foz, dame de Curban et de Claret, mariée au seigneur de Sault. mère d'Amelin d'Agoult, seigneur de Curban et de Bertrand seigneur de Mison. »

« III, Raimond Geoffroy, marquis de Foz, par acte du 16 cal. d'avril 1222, donna à Hugues, archevêque d'Arles, tout ce qu'il possédait en l'îsle Sacristane, sans préjudice, toutefois, du privilége qu'il avoit donné à ses sujets d'y aller pescher. » (1)

« Il eut de sa femme Sibiende, un fils Rostan, dont je n'ay pû apprendre la suite. »

PREMIER SEIGNEUR DE BORMES
après 1257.

« Roger, souverain d'Hyères, troisième fils d'Amiel et d'Alasie de Laidet. Il paraît par un acte aux archives de Montpellier, qu'il fit trève avec le roy, Pierre d'Aragon, et les habitants de

(1) Archiv. de l'archev. d'Arles.

ladite ville, par lequel ils rétablirent réciproquement le commerce entre leurs sujets. »

« Il fut contraint de donner sa ville d'Hyères, le chasteau, les Isles-d'Or et Bregançon à Charles d'Anjou 1er du nom, comte de Provence, en échange des terres de Bormes, le Mole, Cavalaire, Colobrières, Curban, Claret, etc. L'acte qui date de 1257, est dans les archives de la chambre des comptes d'Aix, »

« Tiburgette, fille de Guillaume prince d'Orange, estoit sa femme, de laquelle il eut deux masles et une fille. 1 Guillaume ; 2 Philippe de Lavena grand sénéchal et gouverneur de Provence qui a fait plusieurs branches sous le nom de Foz, de Laidet de Lavena, de Venterol, d'Artis, etc. ; dont la postérité sera déduite après celle de Guillaume de Foz, son frère aîné ; Belièrede Foz, mariée à Boniface seigneur souverain de Castellane. »

2e SEIGNEUR·

—

« Guillaume de Foz, seigneur de toutes les terres ci-dessus énoncées, fut au voyage de Naples sous Charles d'Anjou, l'an 1264, avec son fils Roger et Philippe de Lavena, son frère.

Ils donnèrent conjointement avec son dit frère, à l'église de St-Arnoux de Gap, l'an 1277, et le 29 septembre, partie de la terre de Chanes pour le salut des âmes de leur père Roger et de leur mère Tiburgette, et encore de celle d'Amiel leur ayeul, et d'Alasie leur ayeule. » (1)

« Par autre acte du 13 mars 1278, il donna à Rossolin de Foz, son petit-fils, les terres de Bormes, la Mole et Colobrières. (2) Il fonda à Hyères un synode. Il épousa Giraude, fille de Giraud, seigneur d'Ampus et de St-Paul, de laquelle il eut quatre fils. 1 Roger, qui a continué la postérité ; 2 Roger Irat, seigneur de Cabrières, père de Guid et seigneur des Tours d'Aix ; 3 Bertrand, seigneur d'Albano, ou du Bar ; 4 Charles, seigneur de la sixième partie de Bormes, qui eut un fils nommé Rossolin, la fille duquel, nommée Rossoline, vendit sa portion de Bormes à Rossolin de Foz 2ᵐᵉ du nom, seigneur de Bormes, en l'année 1316 ; elle fut mariée à la maison de Sault. »

3ᵉ SEIGNEUR.

—

« Roger de Foz, 2ᵐᵉ du nom, seigneur de

(1) L'acte est aux archiv. de St-Arnoux de Gap.
(2) Acte reçu par Hugue de Breau, notaire de Voulonne.

Bormes, et des autres terres cy-dessus, fut à la conqueste du royaume de Naples, avec Charles d'Anjou; il épousa Barrasse de Barras, fille de Bertrand de Barras chevalier, à laquelle par acte du 15 mars 1278, par devant Pierre de Barthelemy, notaire du lieu de Bormes, il passa une reconnaissance; elle testa le 23 avril 1286, par devant Pierre Carrassi, notaire de Bormes. »

« En 1282, Roger de Foz, et Irat de Foz son cousin, ratifièrent la donnation de la quatrième partie de la terre de Chanes, faite en faveur de l'église de Gap, par Guillaume de Foz père de Roger, et par Philippe de Lavena, père d'Irat de Foz. »

« Roger et Barrasse eurent un fils et une fille, Rossolin et Philippe de Foz, laquelle fit donnation à ses neveux de sa portion de la terre de Bormes. »

4ᵉ SEIGNEUR.

« Rossolin de Foz 1ᵉʳ du nom, seigneur de Bormes, la Mole, Laverne, Colobrières, et de toutes les susdites terres de son ayeul Guillaume; il prit le titre de vicomte de Marseille, et de marquis de Foz, et fit la guerre à la ville de Mar-

seille, où il fut assisté de la noblesse d'Arles. (1)
Il épousa Mabile d'Agoult. »

« Le sieur Alard en sa généalogie de la maison
d'Agoult, la fait fille de Reforciat d'Agoult; en
quoi il se mesprend; car, elle estoit fille de
Raymon d'Agoult, seigneur de Trest et de For-
calqueiret et de Galburge de Sabran, comme il
conste par son testament du 24 décembre 1297,
reçu par Jean Reinaud, notaire dudit Forcal-
queiret dans les archives de Sigoyer. »

« L'an 1302, Rossolin de Foz, et Guillaume
Laidet, son cousin, confirmèrent la donnation
d'une partie de Chanes faite en faveur de l'é-
glise de Gap, par leurs pères et ayeuls. Il eut de
son mariage deux mâles et une fille 1 Rogeiret
de Foz, mort jeune; 2 Rossolinet de Foz, qui
suit; 3 Rossolinette. »

5ᵉ SEIGNEUR.

« Rossolin de Foz 2ᵉ du nom, dit Rossolinet,
seigneur de Bormes, et de sa baronnie, fit des
fondations au couvent des Cordeliers d'Hyères,
et confirma, par acte du 27 août 1331, (2) le

(1) Zurita, ann. d'Aragon et Bovis, en sa roy. couronne
d'Arles.
(2) Archiv. des Cordeliers d'Hyères.

synode fondé par Guillaume de Foz son bisayeul.
Il transigea de tous ses droits seigneuriaux de
Bormes, avec les habitants, le 20 avril 1338. » (1)

« Il avait épousé Dulceline Gantelme, fille
du seigneur de Lunel, Bourbon, Albaron, etc. ;
et en eut trois mâles et une fille. 1 Roger, mort
jeune ; 2 Rossolin de Foz, 3ᵉ du nom, qui a continué ; le 3ᵉ estoit aussi nommé Rossolin qui eut
à son partage les terres de Collobrières et de la
Mole, et eut un fils, Jacques de Foz, lequel n'eut
point d'enfant mâle de Delphine d'Agoult sa
femme et lesdites terres étant substituées,
furent recueillies par Rossolin de Foz 5ᵉ du nom,
seigneur de Bormes ; 4 Rossolinette de Foz,
mariée à Bertrand de Porcelet, seigneur de Cabrières. »

6ᵉ SEIGNEUR.

« Rossolin de Foz 3ᵉ du nom, seigneur des
susdites terres épousa, le 20 janvier 1344,
Isoardette de Porcelets fille de Bertrand seigneur
de Cabrières, et en eut deux fils et une fille.
1. Rossolin de Foz qui suit ; 2. Albert de Foz ;
3. Sibille, mariée à Bertrand de Foz, seigneur
de Pierrefeu ; acte près Maistre Jean Audibert
notaire à Bormes. »

(1) Jean d'Aix notaire de Bormes.

7ᵉ SEIGNEUR.

—

« Rossolin de Foz 4ᵉ du nom, espousa Bau-
cette de Blacas, fille d'Albert, seigneur d'Aups,
Moissac, Beaudinar, Tour, Trebillane, Espi-
nouse, etc. ; et de Grasse du Bar, de laquelle il
eut quatre fils et cinq filles. 1. Rossolin de Foz,
qui suivra ; 2. Reforciat mort sans postérité ;
3. Albert a fait branche ; 4. Morcalet, sans suite ;
5. Barracette et Sibillette de Foz sont mortes
jeunes ; 7. Catherine, mariée à Guillaume de
Riez, conseigneur de Riez et seigneur de la Bastide de Jourdan, desquels une seule fille, Eléo-
nore de Riez, mariée à Pons Astouvaud, conseigneur de Masan ; 8. Delphine de Foz, mariée à
Guillaume de Pierrefeu, conseigneur dudit lieu ;
9. et Rossoline de Foz. »

« Rossolin leur père testa le 26 juin 1386,
Pierre Dracon, notaire à Bormes. (*Voir supplément n° 3.*) »

8ᵉ SEIGNEUR.

—

« Rossolin 5ᵉ du nom, seigneur de Bormes,
et de sa baronnie, transigea, le 15 may 1401,

avec Elzar de Sabran, baron d'Ansonis, son cousin, sur les droits de leurs mères, de la maison de Blacas. Rossolin eut à sa part, les terres de Thoard, Tourtour, Moissac, Trebillane. (1) »

« Il épousa Louisette de Pierrefeu le 2 septembre 1391, fille d'Aicar, seigneur de Pierrefeu. Il laissa sa femme héritière, au préjudice de ses frères, qui prétendans la substitution, eurent de grands procès avec le seigneur du Bar, frère utérin, et héritier de ladite Louisette de Pierrefeu. Il mourut sans enfants, et partant faut recourir à la branche d'Albert son frère. »

9ᵉ SEIGNEUR.

—

« Abert de Foz 1ᵉʳ du nom, seigneur de Sigoyer, de par sa femme, avait esté destiné pour estre chevalier de St-Jean de Jérusalem par le testament de Rossolin IV, son père. Dans ce dessein, il quitta à Rossolin de Foz, 5ᵉ du nom, son frère aisné, tous ses droits par acte du 27 juin 1401, reçu par Pierre Dracon, notaire à Bormes ; depuis, mal satisfait de son frère, il donna tous ses biens présents et à venir à Eléo-

(1) Benoit Marquisi notaire de Brignoles.

nor de Riez, dame de la Bastide et de Masan, fille de Catherine de Foz sa sœur. Néanmoins tous ses frères estans morts sans enfants mâles, il se maria et révoqua toutes dispositions qu'il avait faites, et après la mort de Rossolin son frère aisné, il se mit en possession de la terre de Bormes, en vertu des substitutions faites par ses prédécesseurs ; laquelle terre fut néanmoins emportée par la maison de Grasse du Bar, qui, ayant hérité de Louisette de Pierrefeu, femme de Rossolin de Foz, produisit des reconnaissances si fortes que Rossolin de Foz avait faites à ladite Louisette de Pierrefeu que la terre fut emportée. »

« Il testa le 2 octobre 1438. (1) Il avait épousé Mabile de Laidet, fille et héritière de Jean Laidet, seigneur de Sigoyer, et de Béatricette de Sabran, laquelle testa, le 27 novembre 1453 ; (2) elle fit son héritier universel Jacques de Foz, son fils puiné, à condition qu'il porteroit le nom et les armes de Laidet : « *Quocumque alio nomine derelicto,* » dit l'acte, elle produisit à son mary trois fils. 1. Rossolin de Foz, mort avant son père ; 2. Bertrand de Foz, seigneur de Bormes

(1) Acte reçu par Guillaume Rodulphe, notaire.

(2) Jean Pistavi, notaire de Sisteron.

et de Pierrefeu qui suivra; 3. Jacques de Foz, seigneur de Sigoyer, prit le nom de Laidet, ensuite du testament de sa mère. Sa postérité sera déduite après celle de Bertrand son frère. C'est la seule qui reste de toute la maison de Foz. »

10ᵉ SEIGNEUR.

« Bertrand de Foz, seigneur de Bormes, fils d'Albert et de Mabile de Laidet, dame de Sigoyer, épousa Sibille de Foz, fille de Jacques, seigneur de Pierrefeu, de laquelle il eut trois fils et une fille. 1. Rossolin 6ᵉ du nom, qui querella la terre de Bormes contre les seigneurs du Bar, du nom de Grasse, qui avoient hérité de Louisette de Pierrefeu, femme de Rossolin V, laquelle terre il perdit, et mourut sans postérité; 2. Albert de Foz, 2ᵉ du nom, qui ayant demêlé avec les enfants de Jacques Laidet son oncle, céda tous les droits qu'il prétendoit sur la terre de Bormes à Astouvaud d'Astouvaud, et à Jean Astouvaud, conseigneur de Masan, cousin germain de son père; il est mort sans suite; 3. Jacques de Foz, seigneur de Pierrefeu, eut fils, nommé Jacques, comme luy, qui mourut sans hoirs, laissa Catherine de Foz, dame de Pierrefeu, succéda à son neveu susdit, et épousa Guillaume, conseigneur de Pierrefeu. (*Voir au supplément n° 6.*) »

11ᵉ SEIGNEUR.

—

« Jacques de Foz, troisième fils d'Albert I, et de Mabile de Laidet, dame de Sigoyer, fut héritier de sa mère, à condition de porter les armes de Laidet. Il teste le 25 novembre 1468, (1) il fut marié deux fois. La première avec Anne de Laidet, fille de Jean de Lavena, conseigneur de Sigoyer, de laquelle il eut un fils Barthelemy, qui suivra cy-après. La seconde femme fut Louise de Lavena, fille d'Honoré de Lavena conseigneur de Sigoyer, de laquelle il eut quatre fils et trois filles. 1. Honoré, mort sans postérité ; 2. Libert Laidet, conseigneur de Sigoyer qui suivra cy-après ; 3. Antoine Laidet, seigneur de Bormes et de Sigoyer, qui a eu suite ; 4. Sufren Laidet, sans postérité ; 5, 6, 7. Philippe, Honorée et Demenie trois filles. »

(1) Arnaud Misoni, notaire de Thèse.

12ᵉ SEIGNEUR.

—

« Antoine Laidet, seigneur de Bormes et de Sigoyer, troisième fils de Jacques de Foz et de Louise de Lavena, sa seconde femme, partagea la terre de Sigoyer avec ses frères, par acte du 22 juillet 1485, reçu par François Misoni, notaire de Sisteron. Par un acte postérieur, il céda la portion qu'il avoit en la terre de Sigoyer à Barthelemy Laidet de Lavena, son frère aisné, qui luy céda tous les droits qu'il avait sur la terre de Bormes et de sa baronnie; ensuite de laquelle cession, Antoine ayant reçu des jugements contre le seigneur du Bar, il se mit en possession de la terre de Bormes, et mourut dans le château. Les partisants du seigneur du Bar eurent les moyens d'enlever tous les papiers. Ils envoyèrent quérir ledit Seigneur du Bar, qui s'empara du château, et l'ont toujours gardé depuis. »

« Antoine Laidet estoit chevalier de l'ordre du roy, et commandait la compagnie d'ordonnance du seigneur de St-Valier, gouverneur de Provence. Il commandait les arbaletriers de Provence à la bataille de Fornoüe, et c'est de luy que nous parlons conjointement avec les sieurs de Pourrières et autres qui se trouvèrent à ladite

bataille. Il avait épousé Alix de Grolée,
fille du seigneur de Bressieux, et en eut deux
fils : Jean Laidet et François Laidet, qui est
mort sans alliance. Antoine Laidet épousa Honorée de Fourbin, fille du seigneur de Gardane,
et en eut un fils, François, qui suit. »

« Barthelemy, son frère consanguin, céda,
par acte de 1493, tous les droits qu'il avoit sur
la terre de Bormes et sa baronnie. »

13ᵉ SEIGNEUR.

—

« Jean Laidet estoit en bas âge quand son
père mourut au chasteau de Bormes ; il fut sous
la tutelle d'Antoine de Grolée de Meoillon, seigneur de Bressieux, lieutenant du roy en Dauphiné, son oncle, qui lui laissa perdre tous ses
droits. Il fit au commencement quelque diligence
pour rentrer dans la terre de Bormes, comme il
conste par un acte du 11 décembre 1514 ; mais
après, il négligea entièrement cette affaire. En
1527, il faisoit les arrentemens de la terre de
Sigoyer. »

« Jean Laidet épousa Guillaumette de Mar-
gaillan Miribel, fille du seigneur de Miribel en
Dauphiné, laquelle, comme procuratrice de son
mary, retrocéda à François Laidet tous les droits

sur Bormes, le 22 septembre 1544. (1) Il testa le 23 janvier 1562. (2) Il laissa un fils, Jean-Louis Laidet qui suit. » (3)

SEIGNEURS DÉPENDANT DE LA MAISON DE GRASSE

L'ESPACE DE 60 ANS.

Grasse est le nom d'une ville de Provence de laquelle la maison de Grasse a tiré son nom. Cette ancienne maison a fait deux branches séparées depuis près de 500 ans, l'une des seigneurs du Bar, et l'autre des seigneurs de Cabris. Leur origine est ancienne et illustre. Elle descend de Rodoard, qui fut qualifié de prince d'Antibes. La maison de Grasse Bar, se trouve alliée aux maisons les plus qualifiées de la Provence, et du Royaume ; comme de Foix, de Grimaldy, de Brancas, de Villeneuve, d'Oraison et autres. Les seigneurs de Cabris, que je viens de nommer, sont de cette ancienne famille. » (4)

(1) Estienne de Nove, notaire de la Mole.
(2) Notaires Garini et Castagne, de Sisteron.
(3) Add. et illust. sur les 2 tomes de l'hist. des troubl. de Prov. par Pierre Louvet, 1re partie.
(4) Mém. concernant le pays et gouvernement de Prov. Par le Bret, état de la Prov. dans sa noblesse, p. 184.

ARMOIRIES DE LA MAISON DE GRASSE.

Un lion rampant de sable, couronné, armé et lampassé de gueules en l'Ecusson d'or ; pour la branche des comtes du Bar, (qui est celle de Bormes) celle des sieurs de Cabrïs, Teneron, Montauroux et Callian, (l'enseigne des champs d'or à trois chevrons de Gueules. (1)

Rossolin de Foz, V. du nom mourut sans enfants et fit héritière Louise de Pierrefeu sa femme, laquelle, l'an 1422, donna la terre de Bormes, à Bertrand de Grasse son frère uterin, Seigneur du Bar. La posterité duquel la possédée jusqu'à ce qu'elle est tombée dans la maison de Covet par le mariage que Lucrèce de Grasse, fille de Pompée de Grasse, Seigneur de Bormes, contracta l'an 1601 avec Jean-Baptiste de Covet baron de Trest et de Marignane.

14ᵉ SEIGNEUR.

Bertrand de Grasse 1440.

(1) Nostra damus, hist. de Provence, p. 148.

15ᵉ SEIGNEUR.

—

— Pierre de Grasse, Seigneur de Bormes en 1464, (*Voir au supplément nº 1.*) (1)

— Pierre de Grasse Seigneurs de Bormes, assista à l'assemblée des états convoquée à Aix, le 9 avril 1487. (2)

— George de Grasse, fils et procureur du Seigneur de Bormes, assista à l'assemblée des états convoquée à Aix, le 20 mars 1492. (3)

— Eymard de Grasse, prévot de l'Eglise metropolitaine de Saint-Sauveur d'Aix, l'an 1477, abbé de Lérins et référendaire duPape, fut pourveu de cette Abbaïe par la promotion d'André de Fontaine, à l'Evêché de Sisteron ; comme il faisait sejour à Rome, il établit le 4 février 1464, ses procureurs, Nicolas du comté de vintimille, ouvrier du même monastère, Jean Filholi Prévot de Grasse, Charles de Grasse, Seigneur d'Albaron, Pierre de Grasse, Seigneur de Bormes, et George de Grasse ses frères. (4)

(1) Pierre Louvet, histoire de Provence, t. 2., p. 408.
(2) Papon, histoire de Provence, t. 4., p. 9.
(3) Papon, histoire de Provence, t. 4., p. 10.
(4) Pierre Louvet, histoire de Provence, t. 2., p. 407.

16ᵉ SEIGNEUR.

—

Henri Reinaud de Grasse, il vivait en 1553. (1)
— Anne de Bormes, de la maison de Grasse-
Bar, avoit épousé Gaspard de Demandols, sei-
gneur de Demandols. Elle vivait en 1556. (2)
(*Voir supplément n° 4 et 5.*)

17ᵉ SEIGNEUR.

—

Roland de Grasse, fils de Henri Reinaud-
Eauger, seigneur baron de Bormes, en 1570. (3)

18ᵉ SEIGNEUR.

—

« Pompée de Grasse, seigneur baron de Bormes en 1580. Il fut assassiné avec son frère
Claude de Grasse, seigneur de la Verne, dans
son château de Bormes, pendant la nuit du 12
au 13 février 1589, par des soldats affidés du comte
de Carcès. Il avait épousé Suzane de Villeneuve,

(1) Archives Communales,
(2) Mobiliaire de Provence, t. 1., p. 513.
(5) Archives Communales.

et en avait eu deux filles, savoir : demoiselle Lucrèce de Grasse et demoiselle Catherine de Grasse. » (1)

19ᵉ SEIGNEUR.

—

Demoiselles Lucrèce et Catherine de Grasse, dames et baronnes de Bormes du 13 février 1589 au 18 mars 1601.

SURPRISE DU CHATEAU DE BORMES
ATTESTÉE PAR PLUSIEURS AUTEURS.

—

MORT DU SEIGNEUR POMPÉE DE GRASSE.

« Quant à la campagne, les mémoires du temps disent qu'elle n'était plus tenable ; les crimes et les violences s'y succédaient de nuit et de jour. Ce fut à l'aube d'une matinée orageuse de février, que se présentèrent aux portes d'Hyères, pleurantes, échevelées à peine vêtues, Suzane de Villeneuve dame de Bormes, accompagnée de ses deux filles et de sa belle-sœur,

(1) Archives Communales.

Ces malheureuses femmes réclamaient un asile de la générosité des habitants d'Hyères ; et elles se mirent à raconter que Rigaud et Serville, gens appartenant au comte de Carcès (c'est ainsi qu'on désignait, dans ce temps-là les gentils-hommes qui vivaient et se poussaient dans le monde sous le patronage d'un puissant seigneur), elles contèrent. donc, à travers leurs sanglots, que ces deux individus accompagnés de quelques assassins à gages, s'étaient emparés de nuit, du château seigneurial de Bormes, et qu'après l'avoir incendié, « ils avaient tué et meur-
« tri Pompée de Grasse, son mari, et le sieur
« de la Verne, son frère, appelé Claude de
« Grasse ; avaient, de plus volé et pillé toute la
« maison, et mis, elle, et ses enfants et sa belle-
« sœur sans cotillons dehors d'icelle. » *

« Une barque dirigée par un valet affidé de la maison de Carcès, et remplie d'hommes enveloppés dans de longs manteaux avait été vue à l'entrée de la nuit, dirigeant le cap sur Notre-Dame de Bormes, chapelle agreste, située au-dessus du village qui porte ce nom. La barque s'était arrêtée entre quelques-uns des hauts ro-

* Manuscrit de Fournier, cité par **M. Denis**.

chers qui forment le cap Benat ; ils avaient mis pied à terre, et l'on sait le reste. » (1)

« On ne pense qu'à faire des entreprises contre les ennemis ; entr'autres il s'en fit une terrible contre Pompée de Grasse, baron de Bor_mes, l'un des plus puissants du parti du roy, Rigaud et Servile, deux domestiques du comte de Carcès, aidez des habitants du lieu de Bormes, furent le surprendre dans son château, où ils l'assassinèrent avec son frère. Après ce meurtre horrible, ils saccagent, pillent le château, et mettent dehors la dame de Bormes, et ses filles. Ces dames se retirèrent à pied à Hyères, ville voisine, n'ayant ny hardes, ny argent, soutenues par leur seule constance, et par leur courage qui fut admirable dans cette occasion. » (2)

« Le roi comptait encore parmi les plus zélés partisans en Provence, Pompée de Grasse, baron de Mouans, qui fut assassiné par les ligueurs en 1588. Suzanne de Villeneuve, son épouse s'illustra par un courage et une fermeté au-dessus de son sexe, après avoir soutenu dans son château de *Moans ou Mouans,* un siége de trois jours contre l'armée du duc de Savoie ; elle ne se

____

(1) A. Denis, Promenade pittoresque à Hyères, p. 116 et suiv.
(2) Gaufridi, histoire de Provence. p. 651.

rendit qu'à des conditions honorables. Arnaud de Ville-neuve, marquis des Arcs, et frère de cette héroïne, se rendit célèbre par son talent pour la poésie, et par les services qu'il rendit à la cause de Henri IV. Son frère, seigneur de la Garde-Freinet et de la Motte, cultivait aussi la poésie, il fut l'ami de Malherbe, qui lui adressa des vers très-flateurs. » (1)

« Et quand tout fut joint ensemble auprès de Barjolx, il n'y avoit pas moins de 600 hommes de pied et 200 bons chevaux. Du commencement, on voulait aller du côté de Bormes, que les paysans avaient assiégé; mais, le sieur de Montaut délaya tant à mener le secours, que les paysans avoient pris le château et tué le seigneur avant qu'on y arrivât, ce qui fut cause que les troupes allèrent du côté de Grasse, etc. » (2)

« A peu près dans le même temps (1588), le château de Bormes fut pris, et Pompée de Grasse, qui en étoit le seigneur y perdit la vie. »(3)

SUZANE DE VILLE-NEUVE BARONE DE BORMES.

« Suzane de Villeneuve, barone de Bormes femme de Pompée de Grasse, à qui le duc de

(1) Statistique morale de la France (Var), p. 17.
(2) Louvet, histoire des troubles en Provence, première partie p. 543.
(3) Papon, histoire de Provence, t. 4., p. 271.

Savoie, quand il vint en Provence, à la fin du 16e siècle, avoit promis 4000 écus d'or pour la dédommager des dégats que ses troupes avoient faits au château de Mouans ; comme il s'en retournoit dans ses états sans qu'elle fût payée, elle alla le trouver lorsqu'il étoit en marche au milieu de son armée, et le pria de se souvenir de sa parole ; le duc feignant de ne pas l'entendre, Suzane alors, saisit la bride de son cheval, l'arrêta et dit au prince : (1) « Ecoutez-moi, « s'il vous plaît ; Dieu qui est plus grand que « vous, nous écoute lorsque nous le prions, et « nous exauce quand nos prières sont justes. « Vous connaissez la justice de la mienne ; faites- « y attention, et considérez combien il importe « à un grand prince comme vous d'être inviola- « ble dans sa parole. » Le duc bien loin d'être offensé de la fermeté généreuse de Suzane, l'admira et fit compter sur le champ à cette dame, les quatre mille écus d'or, qu'il lui avoit promis. » (2)

Henri de Grasse, baron de Mouans, Sartous et autres lieux, fils de Claude de Grasse II, comte de Bar, et de Jeanne de Bracas, dont il fut héritier en 1619, épousa Catherine de Grasse, fille

(1) Papon, histoire de Provence, t. IV. livre 15, p. 755.
(2) Bouche avocat, histoire de Provence, p, 428.

de Pompée, baron de Bormes, et de Suzanne de Villeneuve des Arcs, dame d'honneur de la reine Marguerite. (1) Il fut très attaché au parti du roi en Provence ainsi que ses frères. (2)

MAISON DE MARIGNANE AYANT SEIGNEURIÉ

A BORMES

DU 18 MARS 1601 A 1733.

« Cette famille, originaire de Bourg-en-Bresse, est établie en cette province depuis environ deux siècles. Martin et Jean Covet, frères, fils de François et de Jeanne Plature, se retirèrent à Marseille, où ils épousèrent deux sœurs, Magdeleine et Marguerite de Monier, des seigneurs d'Aiglun. Ils sont qualifiés nobles dans leurs contrats de mariage passé le 3 septembre 1561. Ils acquirent la baronie de Montribloud en Bresse, et firent en 1591 ce fameux partage dont tous les historiens du temps font mention. Martin eut la baronie de Montribloud, et toutes les terres qu'ils possédaient dans la Bresse et le Lyonnais. Il se retira à Lyon où il fit tige. Jean fut baron de Trets et de Marignane, et mourut

(1) Nobiliaire de Provence, t. 1., p. 349.
(2) Gaufridi, histoire de Provence, p. 676.

à Marseille en 1598, laissant de son mariage, Jean-Baptiste, qui suit et Magdeleine de Covet, mariée en 1584 à noble César de Village. (1)

ARMOIRIES DE LA MAISON DE MARIGNANE.

—

Deux pins enlasséz en leur tronc, qui se terminent en un seul arbre de sinople garni de plusieurs pommes d'or en un champ d'argent. (2)

20ᵉ SEIGNEUR.

—

Jean-Baptiste de Covet 1er du nom, baron de Trets et de Marignane, élu premier consul de Marseille en 1600, vint s'établir à Aix, où il fût reçû conseiller garde-sceau au parlement le 16 juin 1609; il avait épousé par contrat du 18 mars 1601, Lucrèce de Grasse, dame et baronne de Bormes, mère de Henri qui suit. 2. Gaspard, marquis des Isles-d'Or, qui succéda à l'office de son père et qui fut marié sans enfants à Claire-Françoise de Forbin fille de Vincent-Anne

(1) Nobiliaire de Provence, t. 1., p. 54.
Le Bret, mémoire concernant le pays et gouverment de Provence, p. 523.
Etat de la Prov. par M. l'abbé R. D. B. t. 1., p. 549.
Nostradamus, histoire de Provence, p. 1082.
(2) Nostradamus, histoire de Provence, p. 1083.

de Forbin, baron d'Oppède, premier président à Mortier, au parlement de Provence, et deux filles mariées dans la maison de Fortia de Piles et de Forbin-Solliers. Henri de Covet, baron de Marignane, fut pourvu du gouvernement de la Tour-de-Bouc, l'an 1644, et elû premier consul d'Aix, procureur du pays, aux années 1641 et 1662. Il laissa de Melchione d'Escalis, de St-Martin sa femme, nièce germaine du premier président de Bras, Jean-Baptiste, qui suit, et Jeanne de Covet, alliée avec Antoine de Covet Montribloud, son cousin. (1)

21ᵉ SEIGNEUR.

—

Jean-Baptiste 2ᵉ du nom, de Covet, marquis de Marignane et des Isles d'Or, baron de Trets et de Bormes seigneur de Velaux, Vitrole et St-Canat, gouverneur de la Tour-de-Bouc et des isles de Portecros, étoit premier consul d'Aix, procureur du païs en 1676. Il fut marié deux fois : 1° en 1649, à Silvie de Porcelet-Maillane, sans enfans ; 2° en 1664, à Blanche de Scitres de

(1) Nobiliaire de Provence, t. I., p. 294.

Caumont, de laquelle il laissa. 1. Joseph Gaspard, qui suit ; 2. Paul de Covet, mort lieutenant général des armées du roy en 1778 ; 3 et 4 Louise et Anne de Covet, mariées dans les maisons de Grimaldi-Courbon, et de Grammont Vachères, en Dauphiné. (1)

22e SEIGNEUR.

—

Joseph-Gaspard de Covet, marquis de Marignane et des Isles-d'Or, baron de Bormes, seigneur de Vitroles et autres lieux, gouverneur pour le roy, des isles et forteresses de Portecros et du Levant, capitaine de cavalerie dans le régiment de Noailles, avoit pour femme, dame Diane-Marie de Crussol d'Usès, de St-Sulpice. Il maria sa fille, demoiselle Louise-Pauline de Covet de Marignane, de St-Sulpice, à Rainaud d'Albertas, marquis de Bouc, comte de Ner, baron de Dauphin et de St-Maïme, seigneur de Pechauris, Gemenos et autres lieux, conseiller du roy en ses conseils, premier président, en la cour des comtes, aides et finances de Provence, par contrat du 10 août 1715. (2)

(1) Nobiliaire de Provence, t. 1., p. 295.
(2) Nobiliaire de Provence, t. 1., p. 29.

25ᵉ SEIGNEUR.

—

« Joseph-Marie de Covet, chevalier, marquis de Marignane et des Isles-d'Or, seigneur de Vitrole, St-Victoret et autres lieux, né en 1699, et mort le 25 février 1752, étoit lieutenant général des armées du roy, et commandeur de l'ordre militaire de St-Louis. Il avait épousé en 1722, Marie-Marguerite d'Orcel fille de noble Jacques d'Orcel seigneur Plaisian, Guibert et Besaure, et de dame Dorothée d'Albert du Chêne. De ce mariage sont issus Louis de Covet qui suit, et deux filles mariées dans la maison des Rollands Reauville, et de Grasse du Bar. » (1)

« La famille Covet de Marignane fut maintenue dans sa noblesse par lettres patentes de sa majesté, expédiées le 26 novembre 1695, enregistrées aux archives du roy en Provence, l'année suivante ; *registre Bellum, armoire 3, n° 60 folio* 122, et par les commissaires députés pour la vérification des titres le 24 septembre 1668. » (2)

« Marguerite de Covet, fille de Jean-Baptiste de Covet, baron de Trets, et de Lucrèce de

(1) Nobiliaire de Provence, t. p. 295.
(2) Nobiliaire de Provence, t. 1., p. 295.

Grasse, dame de Bormes, épousa le 5 juin 1627, Pierre-Paul de Fortia, baron de Baumes, seigneur de Pile. » (1)

« Demoiselle Laucuste de Covet de Marignane, fille de Jean-Baptiste de Covet, marquis de Marignane, gouverneur de la Tour-de-Bouc, et de dame Blanche de Seitre de Caumont, épousa en 1673 Charles de Grimaldi, baron de Cagnes et d'Antibes, marquis de Courbons. » (2)

24e SEIGNEUR.

—

Jean-Louis de l'Heraul de St-Germain, écuyer, seigneur d'Alfort et de Maison-Ville et autres places, baron de Bormes de 1733 à 1750. Il succéda à M. de Marignane. (3)

MAISON L'ENFANT AYANT SEIGNEURIÉ A BORMES

DE 1755 A 1769 ENVIRON.

—

Jean, Jean-Louis, et Simon l'Enfant, fils d'Aimé l'Enfant, originaires de la province d'Anjou, et Sibile d'Albin, formèrent trois branches en Provence, dans le dernier siècle. Jean l'En-

(1) Nobiliaire de Provence. t. 1., p. 295.
(2) Nobiliaire de Provence, t. p. 449.
(3) Archives Communales.

fant fut auteur de la première qui a possédé le vicomté de Valeûnes et la seigneurie de Peiresc; le dernier mâle de cette branche éteinte s'était allié avec une famille de la maison de Colbert.

I. Jean-Louis l'Enfant fut père de Joseph, conseiller au parlement de Provence, qui n'ayant point de postérité de la fille d'Arnoux de Marin, premier président au même parlement, se remaria à Suzane de Leautaud, d'Entrague, dont il ne laissa qu'une fille épouse de N.... Pianello, seigneur de la Valette, de la ville de Lyon, Joseph avoit deux sœurs qui entrèrent dans les maisons de Peirier, Flayosc et de Corriolis.

II. Simon l'Enfant, troisième fils d'Aimé, maître d'hôtel de Louis XIV, trésorier général de France, commissaire ordonnateur des guerres; intendant pour le roy de la garnison de Monaco, eut de noble Angelique de Fagone, 1. Luc l'Enfant, conseiller au parlement, père d'autre Angelique, veuve de Pierre-Jean de Boyer, marquis d'Argens, procureur général au parlement; 2. Louis, qui suit; 3. Joseph, chanoine de l'église d'Aix; 4. François, seigneur d'Hérouville au païs Messin, chevalier de St-Louis, lieutenant-colonel et commandant du régiment du prince de Lambesc, (cavalerie), qui laissa de Marie de la Vrey. sa femme; Charles,

officier de cavalerie, mort sans alliance ; 5. Jean-
Joseph chevalier de l'ordre royal et militaire de
St-Louis, lieutenant-colonel dans le régiment
du Luc (cavalerie) ; 6, et une fille, mariée à Bal-
thasar de Besieux, seigneur de Valmousse, président aux enquêtes du parlement.

III. Louis l'Enfant, capitaine dans le régiment de Toulouse, chevalier des ordres royaux
et militaires, de St-Lazare de Jérusalem et de
St-Louis, commissaire provincial et ordonnateur;
intendant pour sa majesté, de la garnison de
Monaco, fit alliance avec Anne de Berlier de la
ville de Draguignan de laquelle il a eu Bruno
Louis qui suit ; 2. Joseph chevalier de St-Louis,
capitaine et major dans le régiment du commissaire général, (cavalerie) ; 3. Simon Suzane,
docteur de Sorbone, chanoine de l'église d'Aix ;
4 et 5, et deux filles, mariées dans les maisons
de Paul de Brignoles, et de Mayal. (1)

25ᵉ SEIGNEUR.

Bruno-Vincent-Louis l'Enfant de la Patrière,
chevalier, baron, conseiller du roi, intendant et
ordonnateur de la garnison française de la principauté de Monaco, gouverneur du fort et châ-

(1) Nobiliaire de Provence, t. 1., p. 557, t 1., p. 115.

teau de Bregançon, commissaire provincial des guerres, en Provence, seigneur baron de Bormes. (1)

Bruno-Louis l'Enfant de la Patrière, baron de Bormes gouverneur des Isles de Brégançon exerca les charges de son père, et n'eut que deux filles de son mariage avec Thérèse-Jeanne-Marie de Martin, de la ville de Marseille. (2)

26ᶜ SEIGNEUR.

—

Demoiselles Anne-Marie de l'Enfant, fille aînée et Suzane de l'Enfant, fille cadette de Bruno-Louis l'Enfant de la Patrière, baronnes de Bormes, de 1768 à 177.

MAISON D'ALBERT.

—

La famille d'Albert qui subsiste en trois ou quatre branches dans la ville d'Aix, est originaire du comté de Nice, et elle est placée au rang des plus nobles et des plus anciennes de ce païs là,

(1) Archives Communales.
(2) Nobiliaire de Prov., t. 1., p. 557, t. 2., p. 115.

au rapport de la Cheza, évêque de Saluces, dans sa couronne royale de Savoie (1).

27ᵉ ET DERNIER SEIGNEUR DE BORMES.

—

Esprit-Hiacinthe-Bernard d'Albert, chevalier, conseiller du roi en tous ses conseils, président en la souveraine cour des comtes, aides et finances de ce pays de Provence, seigneur, baron de Bormes, par son mariage avec demoiselle Suzane de l'Enfant, en 1769. Il a seigneurié à Bormes, depuis son mariage jusqu'à l'époque de la révolution française de 1789 (2).

Le régime féodal a été détruit par un décret de l'Assemblée constituante du 4 août 1789, et par une loi du 17 juillet 1793 qui supprime sans indemnité toutes redevances ci-devant seigneuriales, droits féodaux fixes et casuels.

La charte de 1830, par son article 62, conserve l'article de la charte de 1814, et autorise l'ancienne noblesse à reprendre ses titres. Il est évident que cette disposition là est commune avec la nouvelle quant aux qualifications nobiliaires.

(1) Etat de la Prov. par l'abbé R. D. B.. t. I, p. 268.— Nobiliaire de Prov., t. I, p. 17.

(2) Archives communales.

PARTIE HISTORIQUE

En 739. Première invasion des Sarrasins, destruction du monastère de Lerins et de presque tous les bourgs et villages ; ils en sont chassés.

813. Seconde irruption des Sarrasins.

838. Troisième irruption des Sarrasins.

850. Quatrième invasion des Sarrasins.

859. Irruption des Normands ; ils demeurent dans la contrée près d'un an.

890. Cinquième invasion des Sarrasins, destruction de la ville de Fréjus.

924. Invasion des Hongrois à leur retour d'Italie, où ils avaient été attirés par les Lombards.

942. Les Sarrasins sont chassés du Fraxinet (Garde-Freinet, Var).

1178. Autre invasion des Sarrasins. Toulon est dévasté. Ces barbares massacrent trois cents habitants et emmènent le reste en Afrique.

1197. Autre invasion des Sarrasins. Toulon est encore dévasté. Les moines des îles d'Hyères sont enlevés.

1302. Froid excessif.

1348. Peste générale ; elle pénétra par le port de Marseille, et dura sept mois. On accusa les Juifs de l'avoir méchamment introduite ; le peuple fit main basse sur eux ; quarante furent égorgés à Toulon dans une seule nuit.

1362. Invasion des Espagnols, sous la conduite de Transtamare. Les états, rassemblés à Draguignan, se rachetèrent du pillage moyennant 87,000 livres (valeur actuelle), 10,000 sestiers de blé et 2,000 brebis. Ils revinrent deux ans après et levèrent une seconde contribution de 175,000 livres.

1364. Froid excessif.

1374. Autre peste.

1384. Ravage des tuchins ou coquins. On appelait ainsi un ramas de malheureux réduits au désespoir par les subsides, et armés contre l'autorité et les gens aisés. Le pillage était leur but ; ils avaient des intelligences dans la plupart des villes. Le peuple, dans quelques endroits, appelle encre Matouchin (Mali Tuchini) les brigands et les filous.

1390 et 1479. Peste.

1482. Peste à Bormes et à Fréjus.

1507. Peste, froid rigoureux.

1521 Première invasion des Impériaux sous les ordres du connétable de Bourbon.

1539. Seconde invasion des Autrichiens, sous les ordres de Charles-Quint ; les Français brûlent eux-mêmes la ville de Grasse pour ne laisser aucune ressource à l'ennemi.

1546· Autre peste; elle dure plus d'une année.

1562 et 1576. Guerre civile entre protestants et catholiques.

1578. Il s'élève en Provence une guerre intestine. Le comte de Carcès, grand sénéchal et lieutenant du roi, commandait les catholiques, connus sous le nom de Carcistes, autrement dits Marabecz ou Maraboux, nom qui signifiait cruels et sauvages ; car, en effet, ils se livraient au vol, au viol, au meurtre et à toutes les cruautés imaginables. Ils étaient commandés par le seigneur du Beaudument et par le baron de Vins, neveu du grand sénéchal. Les religionnaires, connus à cette époque sous le nom de Razats, parce qu'on les disait si gueux, qu'ils n'avaient pas le moyen de se faire raser, avaient à leur tête les barons d'Alemagne, des Arcs et d'Oraison. Ces deux partis ravagèrent la Provence, brûlèrent nombre de communes et saccagèrent les campagues. Le parlement condamna la conduite des Carcistes, et permit de courre sur eux et de les tailler en pièces, etc.

1580 et 1582. Peste désignée sous le nom de *grande*; elle fut apportée à Cannes par un navire Levantin, et dura trois mois.

1586. Guerre de la Ligue (les catholiques contre les protestants). Il n'était point permis d'être neutre, dit un historien de Provence ; la liberté était réduite à choisir l'enseigne où l'on préférait de combattre. On sait qu'une loi d'Athènes condamnait les citoyens qui demeuraient neutres lors des troubles de leur patrie.

1598. Peste.

1599. Froid excessif.

1629 et 1630. Peste.

1644. Tremblement de terre général sur toute la côte, depuis Marseille jusqu'à Nice. (*Voir au Supplément n° 7.*)

1651. Guerre civile.

1659. Les troubles continuent encore.

On peut remarquer l'année 1597 pour une des plus mauvaises qu'on ait eues en Provence, sans peste ni guerre, car il y eut faute d'argent et de tous fruits et abondance de toutes maladies, entre autres la petite vérole tua un nombre infini d'enfants en tous les endroits de la Provence ; le blé valoit 12 écus d'or la charge, et il ne s'en trou_ voit point ni d'argent aussi, etc. (1)

1709. Hiver rigoureux, un des plus fameux dont l'histoire fasse mention ; il détruit tous les oliviers, les vignes et autres arbres, et en certains endroits les troupeaux. Les habitants de Bormes,

_____

(1) Pierre Louvet. Hist. des troubles de Prov., p. 614.

furent tous réduits à la plus affreuse misère. Le froid de 1709 se fit sentir dans presque toute la France (1).

Le froid de 1709 emporta non seulement les espérances de la récolte, mais la détruisit pour longtemps, en faisant périr les arbres et les arbustes sur lesquels est fondée presque toute la richesse territoriale. Les orangers et les amandiers qui ne résistent point à un froid de cinq degrés au-dessous de la glace, lorsque le froid survient dans un temps d'humidité, succombèrent les premiers ; les oliviers, quoique moins susceptibles des impressions de la gélée, eurent le même sort ; et la vigne, en plusieurs endroits, perdit cette sève qui l'anime et la vivifie. Aussi, cet hiver-là est-il un des plus fameux dont l'histoire fasse mention (2).

1720. Peste mémorable ; elle fut apportée à Marseille, le 25 mai, par un batiment venu de Suède, sous le commandement du capitaine Chautaux. Bormes fut barricadé par des barrières en bois ; on ne pouvait entrer dans le village que par le portail St-Sébastien, des hommes de garde étaient placés à chaque avenue du pays (3).

(1) Archives communales.
(2) Papon. Hist. de Prov., t. I, p. 654.
(3) Archives communales.

1744. Le 27 mai, passa devant Bormes une escadre anglaise, nation avec laquelle nous étions en guerre ; la commune n'ayant point d'armes, députa le même jour le sieur Gabriel Crest pour se rendre à Toulon chez M. de Mirepoix, commandant en Provence, et demander à ce fonctionnaire les munitions nécessaires pour défendre le village en cas de besoin ; 50 fusils furent accordés (1).

1746. Le défaut de récoltes jeta la population de Bormes dans une extrême misère ; il ne se trouvait dans tout le pays qu'environ 150 charges de blé, 100 charges de seigle, et quelques charges de légumes, encore la population était-elle toujours dans la crainte, s'attendant à chaque instant d'être envahie par les troupes des puissances liguées contre la France. La commune emprunta 10,000 livres pour subvenir aux bebesoins des habitants (2).

1746, La Provence, menacée par les ennemis du dehors, et la commune, craignant de tomber au pouvoir de ces mêmes ennemis, emprunta de nouveau 8,000 livres pour pouvoir faire face aux charges qu'on aurait pu lui imposer (3).

(1) Archives communales.
(2) Voir la délib. du cons. municipal dn 10 nov. 1746.
(5) Voir la délib. du cons. municipal Ju 13 nov, 1746.

La commune fut longtemps grevée de dettes par les malheurs qu'elle eut à supporter de 1707 à 1715 (1).

POUVOIR DONNÉ AU SEIGNEUR DE BORMES EN 1748.

—

Joseph Philip de Mauriac, maréchal des camps aux armées du roi, commandant en Provence, étant informé de l'épouvante et de la consternation qui règne dans le canton de Bormes, nous ordonnons à Monsieur le baron de Bormes de faire prendre les armes à tous ceux qui sont en état de les porter, dans cette partie de la côte, et de leur commander tout ce qui lui paraîtra convenable pour le service du roi, ordonnons aux consuls et aux habitants de Bormes d'exécuter les ordres qui leur seront donnés par ledit sieur baron de Bormes.

Fait à Toulon, le 24 décembre 1748,

Signé : DE MAURIAC.

1773. Grande inondation à Bormes (2).

1775, 5 octobre. Grand orage à Bormes ; la

(1) Voir la délibération du conseil municipal du 1 janvier 1755.

(2) Archives communales.

commune vint au secours de plusieurs particuliers (1).

1792. Le froid fit périr beaucoup d'oliviers (2).

Dans le courant du mois de méssidor an XII,
il y eut un combat naval au Lavandou entre des
vaisseaux anglais et plusieurs navires de commerce français ; les habitants de Bormes se prêtèrent beaucoup à ce fait d'armes, et les Anglais
furent obligés de se retirer ayant éprouvé de
grandes pertes (3).

1793. Le conseil municipal est compromis à
la suite d'une dénonciation. Nous allons faire
connaître en détail ce fâcheux événement, en
donnant une copie des délibérations et autres
pièces.

Cejourd'hui, 25 août 1793, an II de la République française, le conseil général en surveillance permanente assemblé dans le lieu ordinaire
de ses séances, auquel conseil ont été présents
les citoyens : Bonaventure Bremond, maire ;
Maurice Courme, Pierre-Joseph Dol, Pierre-
Bruno Monier, Louis Giraud et Lazare Héraud,
officiers municipaux ; Louis Béraud, François

(1) Archives communales.
(2) Idem.
(3) Idem.

Bouisson et Francois Michel, notables, et le citoyen Joseph-Marius Honnoraty, procureur de la commune.

Le citoyen maire a dit sur la lecture de la lettre adressée par le conseil général des sections de la ville d'Hyères, au commandant du fort de Brégançon, et vous requiers de délibérer sur le contenu, ouï sur ce, le citoyen procureur de la commune et le conseil général; ouï le citoyen maire, après avoir pris connaissance du contenu de la lettre adressée au commandant du fort de Brégançon, en date du 25 août, par laquelle il est dit que les sections de Toulon et de Marseille parlementent dans ce moment-ci avec l'escadre anglaise; qu'il est prudent et même nécessaire que, s'il venait à se présenter devant les batteries quelque vaisseau de cette nation, il ne lui fût pas tiré dessus, a délibéré de donner des ordres au lieutenant de la garde nationale en détachement au Lavandou, afin que, s'il se présente quelques vaisseaux de la nation anglaise, ils ne fassent pas feu dessus jusqu'à nouvel ordre, et extrait de la présente délibération sera incessamment envoyé au lieutenant du Lavandou, afin qu'il s'y conforme dans tout son contenu et ainsi que dessus a été délibéré et a signé qui a su : Beraud, notable; Monier, officier municipal; Bremond, maire ; Maurice Courme, officier municipal ; Giraud, officier municipal ; Dol, officier municipal ; Honnoraty, procureur de la commune ; Bouisson, notable ; Michel, notable ; Meinard, notable ; Heraud, officier municipal, et nous, Martel, greffier.

CONTRE - DÉLIBÉLATION.

Cejourd'hui, 27 août 1793, l'an II de la République française une et indivisible, le conseil général en surveillance permanente, assemblé dans le lieu ordinaire de ses séances, auquel conseil ont été présents : les citoyens Maurice Courme, Pierre-Joseph Dol, Bruno Monier, Lazare Heraud, officiers municipaux ; François Michel, Honoré Caille, notables, sont survenus les citoyens Joseph Meinard, notable, et le citoyen Joseph-Marius Honnoraty, procureur de la commune.

Le citoyen Maurice Courme, officier municipal, en absence du citoyen maire a dit que, s'étant aperçu que la République est encore en guerre avec les puissances coalisées, et qu'il conviendrait de continuer les ordres primitifs portant de tirer dessus, si toutefois il venait à s'approcher de la batterie du poste du Lavandou, il vous requiers en conséquence de délibérer.

Et ouï sur ce le citoyen Joseph-Marius Honnoraty, procureur de la commune, le conseil général ouï le citoyen Maurice Courme, officier municipal, a délibéré en conséquence de regarder la délibération du 25 du courant comme nulle et non avenue, et en outre, de retirer l'extrait de ladite délibération annulée, et qu'il serait écrit au commandant du poste du Lavandou pour continuer à suivre les ordres primitifs en attendant qu'il lui soit donné un extrait de la présente, pour qu'il ait à s'y conformer dans tout son contenu, et ainsi que dessus a été délibéré, et a signé qui a su : Meinard, notable, Monier, officier municipal, Maurice Courme, officier municipal, Beraud, officier municipal, Michel, notable, Dol, officier municipal, Honnoraty, procureur, et nous, Martel, greffier.

LIBERTÉ, EGALITÉ.

Au nom du peuple français, les représentants du peuple envoyés par la Convention nationale près l'armée d'Italie et des départements méridionaux; Vu la pétition de la municipalité de Bormes en élargissement, arrête : qu'auparavant faire droit à ladite demande, les citoyens Viville et Gattin se transporteront à Bormes pour visiter les registres des délibérations de la municipalité, et vérifier si la rétractation du 27 août (vieux style), se trouve sous la même date sur les registres des délibérations ; ils sont chargés de recueillir sur les lieux tous les renseignements qu'ils pourront se procurer sur la conduite desdits officiers municipaux, et ils nous en rendront compte.

Fait à Hyères, le 7 pluviose. an II de la République française une et indivisible.

SALIGETY, à l'original.

Le 25 pluviose, les citoyens Viville et Gattin. commissaires délégués par les représentants du peuple pour recevoir la déclaration de Dominique Cauvet, ci-devant canonnier à la redoute de Gapeau, est comparu ledit Cauvet, qui a dit : que le 25 août (vieux style), il lui fut écrit par le comité gènéral des sections d'Hyères, la lettre dont la teneur suit :

« Hyères, 25 août, 1793, et le premier du rè-
« gne de Louis XVII, le comité général vous pré-
« vient, Monsieur, que Toulon et Marseille par-
« lementent avec l'escadre anglaise ; en consé-
« quence, il serait prudent que, dans le cas qu'il
« se présentât quelques bâtiments de cette esca-
« dre, vous n'y ferez pas feu dessus. Nous vous
« ferons part du résultat de tout ce que nous

« apprendrons au sujet de Louis XVII qui a été
« proclamé hier à Toulon par les sections à l'una-
« nimité. Les membres du comité général des
« sections en permanence.

> « MILLE, vice-président du district;
> « REY, maire; GIRAUD, officier muni-
> « cipal; MASSILLON, administrateur
> « du district; FAUCHIER, président.

AU NOM DE LA RÉPUBLIQUE FRANÇAISE. Les représentants du peuple envoyés par la Convention
nationale près les départements et armées du
midi, vu la pétition de la Société populaire de
Bormes, en élargissement de la municipalité de
cette commune détenue aux prisons du tribunal
criminel révolutionnaire du département du Var,
séant à G rasse; vu les pièces présentées à l'appui
des dits officiers municipaux, pour justifier leur
conduite; vu l'extrait des registres de la société
populaire de ladite commune de Bormes, qui a
délibéré au scrutin et à l'unanimité des voix de demander de nouveau l'élargissement desdits officiers municipaux; vu le rapport fait par les citoyens Viville et Gattin, nommés par notre arrêté
du 7 pluviose, pour prendre des renseignements
nécessaires sur la conduite desdits officiers municipaux, et s'assurer si la délibération du 27 août

(vieux style), prise par ladite municipalité en rétractation d'une du 25 même mois, se trouve
sous la même date et sur le même registre. Con-
sidérant que le rapport qui nous a été fait par les
commissaires Viville et Gattin prouve que la délibération du 27 août en rétractation de celle du
25, se trouve sur les registres des délibérations
de ladite commune que toutes les autres pièces
qui nous ont été présentées constatant l'innocence
desdits officiers municipaux, arrête : Qu'à la diligence de l'accusation publique du tribunal criminel révolutionnaire du département du Var,
séant à Grasse, lesdits officiers municipaux de la
commune de Bormes, détenus aux prisons de ladite ville, seront élargis au reçu du présent
arrêté pour être réintégrés dans leurs fonctions
municipales, ledit accusateur public justifiera
l'exécution du présent arrêté aussitôt après la ré-
ception, et gardera par devers lui les pièces ci-
dessus mentionnées et annexées au présent au
présent pour leur servir de décharge

Pore de la Montagne, ce 4 ventose, année 2ᵐᵉ,
ère républicaine.

Signé : SALICETY, à l original. (1.)

1820. Froid excessif à Bormes. Le gouverne-

(1) Archives communales.

ment accorda àla commune une somme de 500 fr. pour être distribuée aux propriétaires les plus endommagés.

LANGUES.

—

Quelques écrivains ont assuré que les anciens Celtes ou Gaulois, du nombre desquels étoient les Provenceaux, parloient grec ; ils croient en trouver deux preuves dans les relations faites par César lui-même. « Au camp des Helvétiens, dit « César, on trouve des mémoires écrits en lettres « grecques... Les Druides, dans leurs écritures « publiques et privées, se servaient des lettres « grecques (1). »

D'autres auteurs disent que du temps de César la langue grecque n'étoit point en usage dans les Gaules, et quon ne l'y comprenoit même pas lorsqu'on la parloit ou qu'on l'écrivoit, et qne les mémoires trouvés dans le camp helvétien pouvoient être écrits en caractères grecs, et, cependant, n'être pas en langue grecque, ainsi le thalmud des Chaldéens n'est point en langue hébraïque, quoique les caractères en soient hébreux (2).

(1) Bouche Charles fr. Hist. de Prov., p. 22.
(2) Idem, p. 22.

Les Druides personnages très doctes, les princi=
cipaux habitants de la nation Gauloise une partie
même du peuple pouvaient avoir une certaine
connaissance de la langue Greque, et il est
même vraissemblable qu'ils la savaient, puisque à
l'arrivée des Phocéens, ils s'empressèrent de
l'apprendre, et qu'ils contractaient avec eux en
langage Grec.

S'il faut en croire Aristote, la philosophie à
pris son origine chez les Celtes, et la Gaude à été
autre fois la maitresse de la Grece.

Si cela est vrai, les Grecs et les Romains au-
raient beaucoup à decompter du titre superbe
qu'ils ont pris de maitres et instituteurs des peuples de la terre, la nation Celte serait donc la
nation la plus ancienne, et tout ce qu'on à écri'
sur la grossièreté de ses mœurs, et sur son igno-
rance ne serait donc plus qu'une fable. (2)

VARIATIONS DE LA LANGUE PROVENÇALE.

LANGAGE DU 9me SIÈCLE.

Pro des amours et pro chrestian poblo, et
nostro commun salvament, dist en avant, in
quam des savirs et podir me dunat, si salvarozo

Relation de la guerre des Gaules, L. 5.
(2) Bouche, ch. fr.. hist. de Prov. P. XXIII.

c'est meon fradre Karlo, et in aduidar, et in ca-
dhuna cosa, si com per son fradre salvar dreit
dist, ino quid in un altre si faret, et abluder nul
pleid nun quam prendrai, que meou volcit meou
fradré Karlo in domno sit.

Celà signifie Litterallement.

« Pour l'amour de Dieu et du peuple chré-
« tien, a notre commun sauvement, d'hui en
« avant, en tant que Dieu savoir et pouvoir me
« donnera, je sauverai ce mien frére Charles, et
« en aide et en chaque chose, si comme homme,
« par droit son frère, dit sauver, non comme
« un autre le ferait ; et avec lui, nul différent
« jamais je ne prendrai, qui de mon vouloir soit
« que mon frère Charles soit en dommage. (1)

LANGAGE DU 10ᵐᵉ ET DU 11ᵐᵉ SIÈCLE.

Dans ce siècle on mêlait dans la conversation
et dans les actes publics, le latin avec la langue
vulgaire ainsi on disait :

« Faciam quen nun perdas ounequos toun
« castel é los thesors queu li soun inclusos ; et
« si ounequos qualqueun voliot des pendacar
« per recoubrar, vos altrament, sine counsanta-
« ment, vos ley, toun castel, io jurer tibi et luis
« toste et quantés.

(1) Bouche ch. fr., hist. de Prov. p. XXVI.

Traduction.

« Je ferai que tu ne perdes jamais ton chatel
« et les trésors qui y seront inclus ; et si jamais
« quelqu'un voulait dépiecer pour avoir, ou au-
« trement, sans ton consantement ou sans loi,
« ton chatel, je jure d'aider toi et les tiens, tou-
« tes et quante fois, » (1)

SONNET PROVENÇAL EN L'HONNEUR DU ROBERT ROI
DE JERUSALEM ET SICILE ET COMTE DE PROVEN-
CE PAR UN POÈTE PROVENÇAL FAIT EN 1300.

—

Lou Seignour Diou t'exaouce, et toujour ti defend,
Als maluais iours troublas et t'y mandé secours,
Rey pouderous, al qual lou poblé à sou secours,
Après que Diou ta fach, grand vencedour t'y rendé,
Lou Seignour qué ta fich, tas preguieres entende
Fassé florir ton nom, tos temps mays, en tas cour,
Et que d'un bout d'al moundé à l'aoutre, ages la rendré
Lous uu en kanals fiers autres en grande armada
En thesaurs infini, en kausas transitoria,
Si fisan tol alment, et yen esperança,
Mays tu auras de Diou d'exelentas victoria,
Et son Poble anra sa volontat armada,
A toujour t'obezir, per tou assuguranza. (2)

(1) Bouche ch. fr., hist. de Prov.. p. XXVIII.
(2) Honoré Bouche, hist. de Prov, t. 1. p. 93.

LANGAGE DU 12me SIÈCLE.

Plas my cavalier frances
Et la dona Catalana
Et l'onrard del Ginoes,
Et la cour de Kastellana,
Lou kantar provençalez
Et la dansa trinvisana
Et lou corps aragonez,
Et la perla Julliana,
Las mans et Kara d'anglez,
Et la dounzel de Thouscana.

Ces vers provenceaux ont été fait par l'Empereur Frideric I. en les quels sont esprimés les mœurs et les choses les plus agréables de plusieurs nations, et entre autre la gentillesse des chansons Provençales. (1)

LANGAGE DU 14me SIECLE.

Sec se la libre que eusenha de destrar de terminar de aguchonar et de scairar terra et autres possécion, entract de un libre ordenat per maistre Arnaud de Villanova, à la requesta del rey Robert.

Traduction.

S'en suit le livre de d'extrer, terminer, agachoner et scarrir terre et autres possessions.

(1) Honoré Bouche, hist. de Prov., t. I. p. 96.
Gaufridi, hist. de Prov., p. 101.

Extrait d'un livre ordonné par maître Arnaud de Villeneuve, a la requête du roi Robert. (1)

LANGACE DU 15me SIÈCLE.

Mil quatre cens quaranta nou à XIX mars. Sec sen lo canament de la torre de la cadena (tour du fort Saint-Jean de Marseille) de Marcelha fach.. per commendament del rey Senhor nostré et premier ament etc.

Autre exemple.

Gabriel Raimond de Berre expose par devant la cour de Tarascon, que la servante de la maison ou il couchait, était venue l'appeler en ces termes :

« Sen Gabriel vendrés vous couchar , car
« nostré gens vous èperoun ; (et qu'il répondit :)
« jeou veni etc., etc. (2)

LANGAGE DE LA FIN DU 15me SIÈCLE.

—

LETTRE D'UN FILS A SON PERE,

Senhe payré à vous de bon cor mi recomandi; la present es per vous avisar como jen ay resauput vostra letro en la qual mi mandas, bel corp de Besonhos ; yen ay resamput ma roubo ambé

(1) Bouche, ch. fr. hist. de Prov., p XXIX et XXX.
(2) Bouche, ch. fr. hist. de Prov., XXXIV.

ma camysos et alcuns libres del magister Joha non ages pensat et sanput que mon mestre non ages tengu botiquo ni espéranço de tenir etc. (1)

LANGACE DU 16me SIÈCLE.

Monseignour le baron ien ay aujourd'huey la gardo de atquesto poarto, si vostra Seignorio voal intrar ambé mon seignour votre fils et mestre Louys Henrry, intras à la bono hora ; mais quand aux autres de vautres compagnio ; ien non austario los laissar intrar etc. (2)

COMMUNE DE BORMES

Jusqu'au règne de Louis-le-Gros, (1208) il n'y avait eu à proprement parler, d'hommes libres en France, que les ecclésiastiques et les nobles. Tous les autres étaient plus ou moins serfs. Louis-le-Gros permit aux villes d'acheter des franchises et de se choisir des maires et des échevins. Telle fut l'origine du gouvernement municipal. Louis le Hutin ayant étendu aux campagnes le privilége accordé aux villes, on ne

(1) Bouche, ch. fr. hist. de Prov., p. XXXIV.
(2) Bouche, ch. fr. hist. de Prov, XXXVII.

connut plus dès-lors, de serfs en France. Une fois affranchies, les communes ne tardèrent pas à obtenir de nouveaux droits.; enfin, vers le milieu du 14ᵉ siècle, elles formèrent un troisième ordre de citoyens qui prit le nom de Tiers-Etat, et qui acquit une grande autorité dans les assemblées générales de la nation..

Consuls, maires, officiers publics et adjoints, dont nous avons pu trouver les noms et les qualités dans les archives communales.

Les consuls ou échevins étaient des magistrats ordinairement élus par les bourgeois, ils étaient chargés de la police et des affaires de la commune pendant une année. Ils étaient coiffés d'un chaperon qui avait un bourrelet sur le haut et une queue pendante par derrière et garni de velours rouge et vert. (1)

Les consuls étaient autrefois appelés syndics par tout le royaume de Bourgogne. Ils ont pris celuy de consuls depuis l'an 1094, et sont élus vers la fin de décembre pour entrer au commencement de l'année suivante. (2)

1600. 1ᵉʳ consul, François Montanard, *notaire*.

(1) Voyez la délibération du Conseil municipal du 1ᵉʳ novembre 1748.
(2) Pierre Louvet, hist. de Prov., t. 1., p. 269.

1620. 1ᵉʳ id. Thomas Peugros.
    2. id. Antoine Olivier.
    3. id. Jacques Jauzat.
1621. 1ᵉʳ id. Girard.
    2. id. Michel.
    3. id. Jean Masse.
1632. 1ᵉʳ id. Honoré Ricard.
    2. id. Jacques Berre.
    3. id. Michel Jauzat.
1635. 1ᵉʳ id. Turrel.
    2. id. Senglar.
    3. id. Michel.
1636. 1ᵉʳ id. Charles Montanard.
    2. id. Bauset.
    3. id. Antoine Jauzat.
1639. 1ᵉʳ id. André Ribot.
    2. id. Jean Masse.
1640. 1ᵉʳ id. Joseph Cauvet.
    2. id. Crest.
1641. 1ᵉʳ id. François Peugros.
    2. id. Jacques Senglar.
    3. id. Barthelemy Passeran.
1643. 1ᵉʳ id. Louis Honnoraty.
    2. id. Antoine Montanard.
    3. id. Melchior Jauzat.
1645. 1ᵉʳ id. Claude Augier.
    2. id. Thomas Rainaud.

1647. 3me consul, Charles Hemerig.

1646-47.   1er consul Honoré Ricard, *notaire*.

        2. id.   François Barbarié.

        3. id.   Antoine Jauzat.

1648. 1er consul, Charles Montanard.

        2. id.   Jacques Ailhet.

1649. 1er id.   Dragon.

        2. id.   Marquésy.

        3. id.   Passeran.

1650. 1er id.   Jean Calvet.

        2. id.   Barthelemy Passeran.

1651. 1er id.   Jean Masse.

        2. id.   Peugros François.

        3. id.   Antoine Barbarié.

1652. 1er id.   François Roustan.

        2. id.   Mathia Jauzat.

        3. id.   Honoré Rainaud.

1653. 1er id.   Antoine Crest, *notaire*.

        2. id.   Claude Gros.

        3. id.   Antoine Valentin.

1654. 1er id.   Joseph Turrel, *bourgeois*.

        2. id.   Barthelemy Passeran.

        3. id.   Masse.

1655. 1er id.   François Peugros.

        2. id.   Jean Masse.

        3. id.   Thomas Rainaud.

1656. 1er id.   Claude Gros, *marchand*.

1656. 2ᵐᵉ consul, Jacques Dragon.
     3.   id.   Pierre Berny.
1657. 1ᵉʳ   id.   François Roustan.
     2.   id.   Honoré Rainaud.
     3.   id.   Mathieu Jauzat.
1658. 1ᵉʳ   id.   Etienne Montanard, *chirurg.*
     2.   id.   Ricard.
     3.   id.   Honnoraty.
1659. 1ʳ   id.   Pierre Jauzat.
     2.   id.   Honoré Peugros, *chirurgien.*
     3.   id.   Jean Jauzat.
1660. 1ᵉʳ   id.   Crest, *notaire.*
     2.   id.   Joseph Cauvet.
     3.   id.   Peugros.
1661. 1ᵉʳ   id.   Thomas de Rainaud.
     2.   id.   Guillaume Passeran.
     3,   id.   François Calvet.
1662. 1ᵉʳ   id.   Félix Marquésy.
     2.   id.   Charles Passeran.
     3.   id.   Etienne Crest.
1663. 1ᵉʳ   id.   Antoine Crest, *notaire.*
     2.   id.   Jean Jauzat.
     3.   id.   Pierre Mouton.
1664-65. 1ᵉʳ id.   Nicolas Ricard.
          2. id.   Thomas Berre.
1666. 1ᵉʳ   id.   Joseph Michel.
     2.   id.   Melchior Jauzat.

1666. 3ᵐᵉ consul, Guillem Ricard.

1667. 1ᵉʳ   id.   Jacques Dragon.
         2.   id.   Honoré Pouverin.
         3.   id.   François Mouton.

1668. 1ᵉʳ   id.   Jacques Senglar.
         2.   id.   Paul Fabre.
         3.   id.   Antoine Bounan.

1669. 1ᵉʳ   id.   Jacques Ricard.
         2.   id.   Etienne Michel.

1670. 1ᵉʳ   id.   Barthelemy Bausset, *bourg.*
         2.   id.   Jacques Senglar.
         3.   id.   François Dragon.

1671. 1ᵉʳ   id.   Antoine Riboty, *bourgeois.*
         2.   id.   François Fabre.
         3.   id.   Jacques Cauvet.

1672-73. 1ᵉʳ id.   Honoré Peugros.
            2. id.   Pierre Michel.
            3. id.   Antoine Mordeille.

1674. 1ᵉʳ   id.   Ricard.
         2.   id.   François Honnoraty.

1675. 1ᵉʳ   id.   Joseph Michel.
         2.   id.   Senglar.

1676. 1ᵉʳ   id.   Jacques Ricard, *notaire.*
         2.   id.   Pierre Turrel.
         3.   id.   Victor Laugier.

1677. 1ᵉʳ.   id   Jacques Pouverin. *bourgeois.*
         2.   id.   Etienne Michel, *chirurgien.*

1777. 3me consul, Guise Ricard.

1678. 1er   id.   François Montanard. *notaire*.

     2.   id.   Ricard.

     5.   id.   François Fabre.

1679. 1er   id.   François Barbarié, *bourgeois*.

     2.   id.   Pierre Michel.

     3.   id.   Jean Bas.

1680. 1er   id.   Peugros Thomas.

     2.   id.   André Perrinet.

     3.   id.   Jean Peiguier.

1681. 1er   id.   Félix Marquésy.

     2.   id.   Honoré Jauzat.

     3.   id.   Laurent Jauzat.

1682. 1er   id.   Honoré Pouverin.

     2.   id.   Augustin Peugros.

     3.   id.   Marquésy Félix.

1683. 1er   id.   Félix Marquésy.

     2.   id.   Thomas Peugros.

1684. 1er   id.   Thomas Peugros.

1685. 1er   id.   Barbarié Gaspard.

     2.   id.   Michel Pierre.

     3.   id.   Esprit Fabre.

1686. 1er   id.   Fabre Bausset.

     2.   id.   Barthelemy Dragon.

1687. 1er   id.   François Crest, *notaire*.

1688. 1er   id.   François Crest, *notaire*.

     2.   id.   Guillem Jauzat.

1688. 3ᵐᵉ consul, Thomas Montanard.

1689. 1ᵉʳ id. Thomas Montanard.

1690. 1ᵉʳ id. Ricard Jacques, *notaire*.

2. id. Augustin Marquésy.

3. id. Pierre Barbarié.

1693. 1ᵉʳ id. Jacques Ricard, *notaire*.

2. id. André Turrel.

1695. 1ᵉʳ id. François Barberin.

2. id. Peiguier Montanard.

1696. 1ᵉʳ id. Messire Fr. Montanard, *not.*

2. id. François Peiguier.

3. id. Maximin Bérenguier.

1697. 1ᵉʳ id. Honoré Pouverin.

2. id. Jean Belanc.

1698. 2ᵉ id. Honoré Pouverin.

1700. 1ᵉʳ id. Michel Crest.

2. id. Montanard.

3. id. André Barbarié.

1701. 1ᵉʳ id. Joseph Honnoraty.

1702. 1ᵉʳ id. Ricard Nicolas.

2. id. Michel Bounan.

1703. 1ᵉʳ id. Jacques Ricard, *notaire*.

2. id. Jean Ricard, *marchand*.

3. id. Villeneufeu François.

1704. 1ᵉʳ id. Jean Ricard, *notaire*,

2. id. Joseph Crest.

3. id. Mourer.

1705-6. 1er consul. Joseph Honnoraty.

2. id. Pierre Courme.

3. id. Honoré Michel.

1707. 1er id. Joseph Fabre.

2. id. Antoine Honnoraty.

3. id. Charles Audibert.

1708. 1er id. Guillaume Bounan.

2. id. François Peiguier.

3. id. Antoine Amic.

1709. 1er id. Antoine Barberin.

2. id. Jean Blanc, *chirurgien*.

3. id. Thomas Montanard.

1710. 1er id. Antoine Honnoraty.

2. id. Jean Montanard.

3. id. François Montanard.

1711. 1er id. François Crest, *notaire*.

2. id. François Peiguier.

3. id. Laurent Monier.

1712. 1er id. Esprit Fabre.

2. id. Thomas Olivier.

3. id. Jacques Rainaud.

1714. 1er id. Joseph Honoraty.

2. id. André Crest.

3. id. François Augier.

1715. 1er id. François Peiguier.

2. id. *Messire* Honoré Pouverin.

3. id. Barthélemy Ripert.

1716. 1ᵉʳ consul, Gaspard Pouverin, *bourgeois*.
    2.   id.   Pierre Turrel.
    3.   id.   Jean Fort.
1717. 1ᵉʳ id.   Joseph Honoraty.
    2.   id.   Louis Hemerig.
    3.   id.   Gaspard Audibert.
1718. 1ᵉʳ id.   Joseph Fabre.
    2.   id.   Jean-François Peugros.
    3.   id.   Honoré Audibert.
1719. 1ᵉʳ id.   Antoine Honoraty.
    2.   id.   Antoine Jauvat.
    3.   id.   Guillem Jauzat.
1720. 1ᵉʳ id.   François Crest, *notaire*.
    2.   id.   Jean-Pierre Olivier.
    3.   id.   Thomas Monier.
1721. 1ᵉʳ id.   Joseph Crest.
    2.   id.   Michel Rouvier.
    3.   id.   Pierre Infarnet.
1722. 1ᵉʳ id.   Honoré Crest.
    2.   id.   Etienne Masse.
    3.   id.   Jean Bousquet.
1723. 1ᵉʳ id.   François Peiguier.
    2.   id.   Jean-Pierre Olivier.
    3.   id.   Jacques Raynaud.
1724. 1ᵉʳ id.   Joseph Honnoraty.
    2.   id.   Laurent Monnier.
    3.   id.   Joseph Valentin.

1725. 1er id. Pierre-Joseph Crest, *receveur*.
2. id. Charles Audibert.
3. id. Honoré Imbert.
1726. 1 id. André Crest.
2. id. Etienne Jauvat.
3. id. Jacques Fabre.
1727. 1 id. François Jauvat.
2. id. Joseph Crest.
3. id. Gaspard Ricard.
1728. 1 id. Joseph Crest.
2. id. Antoine Dragon.
3. id. Clair Jauvat.
1729. 1 id. Jean-François Peugros.
2. id. Claude Courmes.
3. id. Jean Bousquet.
1730. 1 id. André Crest.
2. id. Guillaume Marquésy.
3. id. Joseph Berre.
1731. 1 id. François Peiguier.
2. id. Pierre Turrel.
3. id. Gaspard Audibert.
1732. 1 id. Honnoraty.
2. id. Michel Rouvier.
3. id. Joseph Valentin.
1733-36 1 id. André Crest.
2. id. Antoine Cauvet.
3. id. Antoine Roubiou.

1737. 1er consul Joseph Meissonier.
       2.   id.   Joseph Barberin.
       3.   id.   Jacques Fabre.
1738. 1.   id.   Joseph Brunet,
       2.   id.   François Montanard.
       3.   id.   Pierre Ricard,
1739. 1.   id.   François Peugros.
       2.   id.   Antoine Barbarié.
       3.   id.   Claude Ripert.
1740. 1.   id.   Jean-Pierre Olivier.
       2.   id.   Michel Rouvier.
       3.   id.   Antoine Roubiou.
1741-43. 1. id. Esprit Fabre.
       2.   id.   Jean-Daniel Jauzat.
       3.   id.   Jacques Dragon.
1744-48. 1. id. Jean-Louis Brunet.
       2.   id.   André Pissot.
       3.   id.   Pierre Ricard.
1749-50. 1. id. François Jauvat.
       2.   id.   Antoine Barbarié.
       3.   id.   Michel Rouvier.
1751. 1.   id.   Antoine Barbarié.
       2.   id.   Michel Rouvier.
1752-57. 1. id. Joseph-Gabriel Crest,
       2.   id.   Claude Courmes.
       3.   id.   Joseph Valentin.
1758. 1.   id.   François Pouverin.

1758. 2me consul, Pierre-Joseph Masse.

     3. id. André Crest.

1759. 1. id. Jean-Daniel Jauzat.

1760. 1. id. Jean-François-Bruno Jauvat.

     2. id. Joseph Berre.

     3. id. Joseph Infarnet.

1761. 1. id. Joseph-Gabriel Crest.

     2. id. Joseph Cauvet.

     3. id. Pierre Crest.

Un arrêt du 18 mai 1762, fit défense à la communauté de Bormes et à toutes les autres du pays, d'élire pour consuls et officiers municipaux, les receveurs et commis des droits royaux. (1)

1762. 1er consul, Joseph-Gabriel Crest.

     2. id. Joseph Cauvet.

     3. id. Thomas Roubiou.

1763. 1. id. Benoit Montanard.

     2. id. Alexandre Isoard.

     3. id. Etienne Monier.

1764. 1. id. Bremond de la Bousquete.

     2. id. Joseph Lambert.

     3. id. Pierre Bouisson.

1765. 1. id. Jacques Gautier.

     2. id. Alexandre Isoard.

     3. id. Dol Joseph.

(1) Traité sur l'administration du comté de Provence, t. 3., p. 250.

1766. 1er consul, *Messire* Jean-Josep de St-Vict.

      2. id. Jean-Charles Montanard.

      3. id. Augustin Ripert.

1767. 1. id. Jean-Daniel Jauzat.

      2. id. Joseph Berre.

      3. id. Pierre Jauvat.

1768. 1. id. Benoit Montanard.

      2. id. Joseph Berny.

      3. id. Joseph Audibert.

1769. 1. id. Jacques Gautier.

      2. id. Jean Senglar.

      3. id. André Crest.

1770. 1. id. *Messire* J.-Jos. de St-Victor.

      2. id. Jean-Charles Montanard.

      3. id. Bousquet.

1771. 1. id. Joseph Honnoraty.

      2. id. Antoine Augier.

      3. id. Jean Rainaud.

1772. 1. id. Benoit Montanard.

      2. id. Jean-François Jauvat.

      3. id. Jean Rainaud.

1773. 1. id. *Messire* J.-Jos. de St-Victor.

      2. id. Antoine Crest.

      3. id. Thomas Cauvet.

1774. 1. id. Joseph Honnoraty.

      2. id. Antoine Augier.

      3. id. Lange Crest.

1775. 1ᵉʳ consul, Gautier Jacques.
    2. id. Joseph Berny.
    3. id. Pierre Fabre.
1776. 1. id. *Messire* J.-Jos. de St-Victor.
    2. id. Jean-Baptiste Bouisson.
    3. id. Pierre Jauvat.
1777-78. 1. id. Benoit Montanard.
    2. id. Jean-François Jauvat.
    3. id. Antoine Crest.
1779. 1. id. *Messire* J.-Jos. de St-Victor.
    2. id. Jean-Charles Montanard.
    3. id. Joseph Roubiou.
1780. 1. id. Benoit Montanard.
    2. id. Lazare Maure.
    3. id. Thomas Bousquet.
1781. 1. id. Jacques-Félix Dragon.
    2. id. Joseph Berny.
    3. id. Jean Bousquet.
1782. 1. id. Blaise Peiguier.
    2. id. Jean-François Jauvat.
    3. id. Etienne Augier.
1783. 1. id. Joseph Brunet.
    2. id. Claude Berny.
    3. id. Elzéar Blanc.
1784. 1. id. Jacques-Félix Dragon.
    2. id. Antoine-Crest d'André.
    3. id. Antoine-Crest de Pierre.

1785. 1ᵉʳ consul, Jean-Joseph Courme.
     2. id. Berny.
     3. id. Jean Ricard.
1786. 1. id. Jean-Joseph Courme.
     2. id. Joseph Berny.
     3. id. Jean Rainaud.
1787. 1. id. Jean-Charles Montanard.
     2. id. Antoine Augier.
     3. id. Lange Crest.
1788. 1. id. Joseph Brunet.
     2. id. Lazare Maure.
     3. id. Jean-Pierre Roubiou.
1789. 1. id. Joseph-Marius Honnoraty.
     2. id. Claude Berny.
     3. id. Louis Ricard.

La loi des 14 et 18 décembre 1789, constitua des corps municipaux et conféra invariablement à leurs chefs le titre de maire.

1789. Tous les conseils furent dissous. Au 14 février, furent élus : Joseph Brunet, maire, président du conseil, et Antoine Augier, procureur de la commune. Joseph Brunet, maire, finit le 18 novembre 1792.

1782. Bremond, maire, officier public, élu en décembre.

1792. Martel Antoine-Alexandre, officier public,
élu le 22 novembre.

Courme Maurice, officier municip., en l'absence de l'officier public, en décembre.

1793. Montanard Jean-Charles. officier public,
élu le 27 pluviose an II.

Giraud Louis, officier public, élu le 17
germinal an II.

Dol Pierre, officier public, élu le 30 avril
1792.

Turrel Antoine, maire, élu an II.

1794. Augier Antoine, officier public, élu le 27
pluviose an III.

Crest Antoine, adjoint municipal, élu le
15 brumaire an III.

1795. Rouard Pierre, adjoint municipal, élu le
6 pluviose an IV.

Beraud Louis, adjoint municipal, élu le
19 vendémiaire an IV.

1796. Honnoraty Joseph-Marius, agent municipal, élu le 19 vendémiaire an V.

1797. Gasquet Lazare, adjoint municipal, élu
le 5 germinal an VI.

Michel Joseph, agent municipal, élu le 5
germinal an VI.

Lambert Charles, adjoint municipal an 7.

Honnoraty Nicolas-Bonaventure, maire,

officier municipal, élu le 17 germinal an v et 2 messidor an VIII.

Tous les officiers municipaux ci-dessus ont géré les fonctions d'officier de l'état civil, depuis le 19 novembre 1792, jusqu'au 2 messidor an VIII, époque ou commence M. Honnoraty Nicolas-Bonaventure, maire, qui ne finit qu'en janvier 1819. Il avait été réélu et installé le 17 janvier 1813.

Michel Joseph, adjoint, en brumaire an x.

Bouisson François, adjoint, en fructidor an XII.

Crest Donat, adjoint, en 1806.

Dol Pierre-Joseph, adjoint, de 1808 à 1824.

Honnoraty Etienne-Marius, maire, du 16 avril 1819 à janvier 1822.

Honnoraty Bonaventure-Nicolas, maire, de janvier 1822 à février 1830.

Brunet Joseph-Justinien, adjoint, de 1822 à 1830.

Brunet Joseph-Justinien, maire, de 1830 à 1831.

Blanc Alexandre. adjoint, en 1831.

Courme Isidore, maire de décembre 1831 à 1835.

Montanard Louis-Jean-Baptiste, adjoint de 1831 à 1832.

Faissole Joseph-Marie, adjoint, de 1833 à 1835.

Montanard Louis-Jean-Baptiste, maire, de février 1835 à 1843.

Martel Alexandre. adjoint, de février 1835 à 1843.

Vigourel François-Victor, maire par intérim, de juillet à septembre 1843.

Vidal François, maire, de octobre 1843 à décembre 1844.

Brunet Germeuil, adjoint, de octobre 1843 finit peu de temps après.

Courme Philippe, adjoint, de décembre 1844 à décembre 1845.

Reynaud Félix, conseiller municipal, à défaut de maire et d'adjoint, en décembre 1845.

Brunet Germeuil, maire de janvier 1846, finit même année.

Aubet Bruno, adjoint, de janvier 1846, au jour de sa mort, même année.

Reynaud Félix, conseiller municipal, maire par intérim, de juin à août 1846.

Honnoraty Toussaint, notaire maire, par intérim, du mois d'août 1846, au mois de mai 1847.

Blanc Toussaint, maire, commencé en mai 1847, finit en mars 1848.

Reynaud Hypolite, médecin, maire, commencé en mars 1848 , finit en août même année.

Blanc Toussaint, conseiller municipal, à défaut de maire et d'adjoint, en septembre 1848.

Blanc Toussaint, maire, commencé en septembre 1848, finit en novembre 1849.

Vigourel François-Victor, adjoint, commencé en septembre 1848, finit en novembre 1849.

Vigourel François-Victor, maire par intérim, en novembre 1849.

Honnoraty Arsène, maire, commencé en novembre 1849, finit en janvier 1854.

Giraud François-Philémon, adjoint, commencé en novembre 1849, finit en juillet 1852.

Roubeuf Joseph, adjoint, commencé en juillet 1852, finit en février 1858.

Blanc Toussaint, maire, commencé le 16 mars 1854, finit en juin 1858.

Cauvet Victor, adjoint, de mars 1858, à mai même année.

Honnoraty, Toussaint-Arsène, maire 1858,

Samat, Justin. adjoint 1858.

VIGUIERS DE BORMES.

—

Dans quelques villes, étoit autrefois un officier de robe courte, nommé Viguier, *anciennement* VIRG, mot dérivé des deux mots celtes,

Verg et *Bret* qui signifioient haut exécuteur. César appelle ce juge *Vergo Brutus*. De son temps, il étoit annuel et avoit sur tous les ci-toyens une puissance absolue de vie et de mort, portant l'épée et un bâton morne d'ivoire, mar-chant avec les consuls dans les cérémonies pu-bliques, assistant aux conseils municipaux et y ayant toujours la première place, prenant la qualité de Viguier et capitaine pour le roi. Cet officier avoit une juridiction, de peu d'étendue sur les fautes légères, relatives, plutôt à la po-lice qu'à la justice. Il connoissait des larcins et filouteries qui se commettoient dans les villes de sa résidence. Les Viguiers furent principalement créés en Provence par François 1er 1541. (1)

Les Viguiers, étaient des juges qui, en Lan-guedoc et en Provence, faisaient les mêmes fonc-tions que les Prévots royaux dans les autres provinces. Dans quelques provinces, le Viguier ou Prévot royal avait le titre de chatelain ; et dans d'autres celui de vicomte.

VIGUIERS QUE NOUS AVONS EUS A BORMES DE 1632 A 1789.

—

1434. Antoine Bonvin, *notaire.*
1615 à 1621. Brune Fabre.

(1) Bouche, Charles-François, h. de Prov., t. 1., p. 18.

1621. Charles Montanard.
1630 à 1632. Alexandre Senglar.
1635. Scipion Rainaud.
1643 à 1663. Antoine Pouverin.
1663 à 1665. François Roustan.
1665 à 1666. Jacques Dragon.
1667 à 1671. Gaspard Barbarié.
1671 à 1675. *Messire* François de Lorme.
1677 à 1681. Gaspard Barbarié.
1681 à 1684. Antoine Honnoraty.
1688 à 1692. François Barbarié.
1696 à 1702. *Messire* François Barberin.
1702 à 1717. Thomas Montanard.
1717 à 1717. François Pouverin.
1717 à 1718. Gaspard Pouverin.
1724 à 1724. Esprit Fabre.
1725 à 1738. Gaspard Pouverin.
1739 à 1739. Hilaire Honnoraty.
1740 à 1746. Gaspard Pouverin.
1759. Joseph Brunet.
1759 à 1763. Joseph Hugue.
1763 à 1771. Joseph Brunet.
1771 à 1777. Jacques-Félix Dragon.
1777 à 1781. Jacques Gautier.
1781 à 1781. Jean-François-Bruno Jauvat.
1782 à 1783. Jacques Gautier.
1783 à 1784. Jean-Charles Montanard.

1786 à 1789. Jacques Gautier.

1790. Les Viguiers furent remplacés par les juges de paix.

JUGES DE PAIX DE BORMES.

—

1792. Honnoraty, Bonaventure.

1793. Honnoraty, Joseph-Marius.

Turrel, Antoine; Rouard, Pierre; Beraud, Louis; Courme, Joseph.

Par arrêté du directoire du département du Var du 30 vendémiaire an IV, article 8 dudit arrêté, le canton de Bormes fut supprimé, et cette commune fut réunie à celle de Collobrières.

JUGES DE PAIX DU CANTON DE COLLOBRIÈRES.

—

Courme, Alexandre. Dol, Louis-François. Dol, Pierre-Joseph. Brunet, Louis-Alexis-Bruno. Honnoraty, Etienne-Marius. Infarnet, Jean-Paul. Dol, Pons-François. Raffalli, Louis-Charles, *licencié en droit*. Salesi, Emile, *ancien notaire*, 1858.

TRESORIERS COMMUNAUX.

—

Le trésorier de la commune était élu chaque année à même époque que les consuls. Nous allons faire connaître les percepteurs ou receveurs municipaux que nous avons eu depuis 1789.

Giraud, Louis-Benjamin. Giraud, Jean-Baptiste père. Giraud, Jean-Baptiste fils. Dol, Jean-Baptiste. Courme François. Courme Jean-Joseph. Courme Etienne. Meril. Bovis. Thrichon. Chauvet. Bella, en 1858.

NOTAIRES.

—

Sous Auguste, les notaires en Provence portoient un anneau d'or. C'étoit sans doute, pour leur rappeler qu'auparavant ils en portoient un de fer qui les asservissoient au public. Leur état est honorable aujourd'hui. Quoique utiles partout, les notaires sont quelquefois dangereux dans les petits lieux, où beaucoup de présomption réunie à peu de science, les rend très souvent les auteurs des procès des particuliers et des communautés. (1)

Ce même auteur dit dans cette même histoire t. 2, p. 44 : que les notaires commencèrent à contracter en langue française en 1539; auparavant, ils contractaient en latin. (2)

1278. Pierre de Barthelemi,

(1) Bouche, Ch. F., histoire de Prov., t. 2., p. 48.
(2) Voir Nostradamus, id. p. 766.

1286. Pierre Carrassi.

1328. Jean d'Aix.

1340. Jean Audibert.

1386. Pierre Dracon.

1434. Antoine Bonvin.

1510. Pouverin.

1553. Draconis et Antóine Dragon.

1570. Calvet.

1581. Gaspard Michel.

1588. Daumas.

1600. Pouverin.

1578 à 1602. Terrier.

1577 à 1605. Bausset.

1610. Perrier.

1620 à 1640. Jean Aillet.

1615 à 1648. Ricard Honnoré.

1653. Jean Jauzat.

1659. Charles Montanard.

1672. François Montanard fils.

1672 à 1688. François Crest, Imbert et Barberin Joseph.

1641 à 1710. Antoine Crest.

1675 à 1720. Jacques Ricard.

1762 à 1792. Dollone Jacques.

1792 à 1832. Honnoraty Bonaventure.

1032. Honnoraty Toussaint.

HOPITAL DE BORMES.

Sous le règne de Clovis II, c'est-à-dire vers 642, Saint-Landri, fonda à Paris un lieu de refuge pour les pauvres et les voyageurs : c'est l'origine des hospices. Cet exemple pieux fut imité jusqu'à Louis XI, qui, au retour de la Terre-Sainte, donna une retraite à 300 de ses compagnons d'armes, auxquels les Sarrazins avaient crevé les yeux.

L'hospice de Bormes fut reconnu par lettres, patentes du roi René de 1439, et par autres de Louis XIV de 1773, enregistrées à Aix. Registre parlementaire, folio 140, armoire lettre B.

ORDONNANCES DE LOUIS XIV.

Louis, par la grâce de Dieu, roy de France et de Navarre, comte de Provence, Forcalquiert et terres adjacentes, à tous présent et avenir, salut.

Nos chers et bien-aimés les recteurs et administrateurs de l'hospice Saint-André, érigé au lieu de Bormes, en Provence, nous ont fait représenter que le roy René, comte de notre dit pays de Provence, en avoit jugé l'établissement nécessaire, qu'il l'avoit ordonné par ses lettres, patentes de 1439, par lesquelles il avoit soumis les habitants à pourvoir à sa construction et à son édification de leurs propres fonds, s'il étoit possible de s'en procurer à cet effet, par les aumônes et par autres moyens semblables; que depuis cette époque, ledit hôpital a toujours été, non seulement utile et secourable aux pauvres et aux malades dudit Bormes et des lieux circonvoisins, mais encore à nos soldats, à nos matelots et aux étrangers que la pêche attire pendant un certain temps de l'année sur les bords de la mer ; que cet établissement si avantageux aux uns et aux autres n'ayant qu'un revenu modique et insuffisant n'a trouvé des ressources dans tous les temps que dans le zèle de ceux qui l'ont dirigé, et notamment dans les bienfaits du sieur Pouverin qui, en 1665, fit construire la maison qui est actuellement employée à recevoir les malades et les infirmes, et fit en sa faveur la fondation d'un chapelin, auquel il assigna une dotation suffisante pour y faire le service divin; mais que les mêmes causes de modicité et d'insuffisance des revenus dudit hopital étant toujours subsistantes, ils ne peuvent se conserver sur leur juste crainte qu'elles leur inspirent; qu'en nous faisant très humblement supplier de vouloir bien confirmer ledit établissement, du sceau de notre autorité, et les autoriser à accepter tous legs, dons, aumônes et fondations qui pourront être faites à l'avenir au profit dudit hopital. A ces causes voulant favoriser et protéger cet établissement de l'avis de notre conseil, qui a vu les lettres patentes de 1439, dont copie est cy attachée sur le contre-sel de notre chancellerie, nous avons de notre grace spéciale, pleine puissance et autorité royale, approuvé, confirmé et autorisé, et, par ces présentes, signées de notre main, approuvons, confirmons et autorisons ledit hôpital Saint-André, érigé à Bormes; permettons aux administrateurs dudit hôpital de recevoir en son nom et à son profit tous dons, legs et donations, pourvu toutefois qu'ils soient en effet permis par notre édit du mois d'août 1749 et donnons en mandemens à nos amés et feaux conseillers, les gens tenant notre cour du Parlement de Provence à Aix et à tous autres officiers et justiciers qu'il appartiendra, que les présentes ils ayent à faire registrer et du contenu en y celle, jouir et user de l'hôpital de Bormes pleinement, paisiblement et perpétuellement, laissant et faisant sur tous troubles et empêchements contraires. Car tel est notre plaisir et afin que ce soit chose ferme et stable à toujours, nous avons fait mettre sel à ces dites présentes.

7

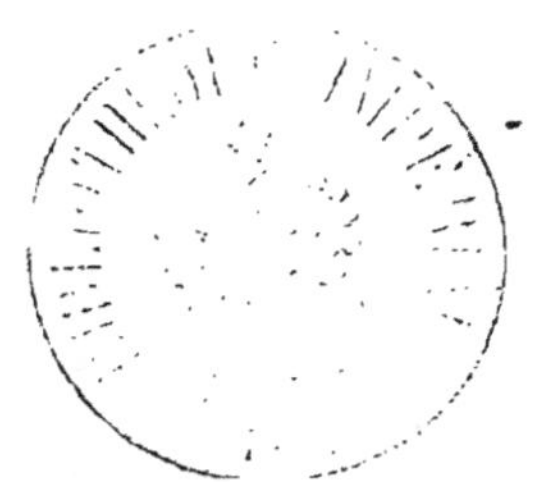

Donné à Compiègne, au mois d'août l'an de grâce 1773 et de notre règne le 58me.

Signé **Louis**.

D'après la loi du 7 frimaire an 5, l'hôpital de Bormes ne fut plus qu'un bureau de bienfaisance.

ADMINISTRATEURS DUDIT BUREAU.

—

1789. Montanard, Charles, *trésorier*; Gautier-Jacques; Viguier, Senés, *curé*; Dollone, *notaire*; Courme; Brunet et Honnoraty, *maire*.

An 10 de la République, Honnoraty, Joseph-Marius; Dol, Pierre-Joseph; Laugier, Antoine; Courme, Joseph-Antoine.

An 12. Courme, Maurice; Monier, Joseph; remplaçant les sieurs Laugier et Courme, Antoine.

An 14 au 5 brumaire furent élus les sieurs Turrel, Antoine; Honnoraty, Joseph-Marius; Dol, Pierre-Joseph; Courme, Maurice; Monier, Joseph.

1806. Turrel, Hiacinte; Féraud, Jean-Pascal; Dol, Pierre-Joseph; Cauvet, Antoine. Cette même année M. le ministre de l'intérieur nomme le sieur Augier, Antoine.

1807. M. le ministre de l'intérieur nomme M. Courme Maurice.

1808. 2 septembre, le sieur Monnier, Hippolyte, remplace le sieur Courme, Jean-Joseph, décédé.

1809. En exécution du décret impérial du 7 germinal an 13. M. le ministre de l'intérieur nomme le sieur Pélegrin, Jean-Joseph, en remplacement du sieur Dol, Pierre-Joseph.

1810. Les mêmes.

1811. M. Héraud, Marc-Antoine, est nommé trésorier.

1812. Les mêmes.

1813. Le sieur Monier, Joseph-Hippolyte, est réélu par M. le ministre de l'intérieur.

1814. Le sieur Pélegrin, Jean-Joseph, est réélu par M. le ministre de l'intérieur.

1815. Le sieur Faissolle, Guillaume, est réélu par le même ministre.

1816. Le sieur Honnoraty, Etienne-Marius, est réélu par le même ministre.

1817. Le sieur Féraud, Jean-François, est réélu par le même ministre.

1818. Le sieur Honnoraty, Joseph-Marius, est nommé par le même ministre.

1819. 1es janvier Monsieur le préfet nomme

M. Courme, Alexandre, et le 13 décembre, M. Monier, Hippolyte-Joseph.

1821. 10 janvier, le dit sieur Faissole, est réélu par M. le préfet.

1825. 5 décembre, ledit sieur Féraud est réélu par M. le préfet, en remplacement de M. Hippolyte Monier.

1825. 5 décembre, autre arrêté de M. le préfet, qui nomme M. Courme, Marius.

1827. 21 décembre, arrêté de M. le préfet, qui nomme M. Courme, Marc-Etienne, en remplacement dudit sieur Cauvet, Antoine.

1829. Le sieur Monier, Joseph-Hippolyte, remplace le sieur Dol, Pierre-Joseph, par arrêté de M. le préfet, du 27 janv.

1831. Le sieur Martel, Alexandre, remplace ledit sieur Féraud, par arrêté de M. le préfet, du 23 février.

1832. Le sieur Courme, Philippe, remplace le sieur Courme, Marius, par arrêté de M. le préfet, du 9 novembre.

1833. 23 novembre, le sieur Dol, Eugène, remplace le sieur Courme, Marc-Etienne.

1834. 80 décembre, arrêté de M. le préfet,
qui nomme M. Augier, François, en
remplacement de M. Turrel, Hiacinte.

1835. 3 février, arrêté de M. le préfet, qui
nomme M. Courme, Marius, en remplacement de M. Martel, Alexandre.

1836. 15 décembre. Arrêté de M. le préfet,
qui réélit le sieur Courme, Philippe.

1837. 5 décembre. Arrêté de M. le préfet,
qui réélit le sieur Dol, Eugène.

1839. 19 décembre. Arrêté de M. le préfet,
qui réélit le sieur Augier, François.

24 décembre. Arrêté de M. le préfet,
qui nomme M. Giraud, François-
Philémon–Etienne, en remplacement du sieur Courme, Marius.

1840. 29 décembre. Arrêté de M. le préfet,
qui réélit le sieur Meinard, Donat.

1841. 1er décembre. Arrêté de M. le préfet,
qui réélit le sieur Courme, Philippe.

1843. 31 janvier, le sieur Dol, Eugène, est
réélu par arrêté de M. le préfet.

1844. 26 déc. le sieur Giraud, François-Philémon, est réélu par arrêté de M. le
préfet.

1846. 7 janvier. Arrêté de M. le préfet, qui réélit le sieur Meinard, Donat.

18 décembre. Arrêté de M. le préfet, qui nomme MM. Bérenguier, Antoine et Vigourel, Victor, en remplacement des sieurs Dol, Eugène et Courme, Philippe.

1647. Le sieur Giraud, Philémon donne sa démission.

15 décembre. Arrêté de M. le préfet, qui nomme M. Honnoraty, *notaire*.

1849. Le sieur Augier, François, est réélu par arrêté de M. le préfet du 11 janvier. Le sieur Bérenguier, Antoine, donne sa démission.

1850. 3 janvier. Arrêté de M. le Préfet, qui nomme le sieur Escouffier, François.

1851. 30 janvier. Arrêté de M. le préfet, qui réélit le sieur Meinord, Donnat.

1852. Vigourel, Victor, réélu par arrêté de M. le préfet du 12 janvier.

1853. Honnoraty, Toussaint, *notaire*, est réélu par arrêté du préfet du 8 janvier.

30 décembre, le sieur Cauvet, André, est nommé par arrêté du préfet, en remplacement de M. Augier, Jean-François.

1855. 11 janvier. Zenon, Fabre, est nommé
en remplacement de M. Escoffier.

Le sieur Honnoraty, Toussaint-Au-
guste, est nommé par arrêté de M. le
préfet, du 24 décembre.

1857. M. Samat, Justin, est nommé, par
arrêté de M. le préfet, du 13 janvier,
en remplacement de M. Vigourel.

1858. 18 janvier. Arrêté de M. le préfet, qui
nomme M. Albran, Philippe, en
remplacement de M. Honnoraty, *notaire*.

5 mai. Arrêté de M. le préfet, qui
nomme M. Pelissier, Louis, *curé*, en
remplacement du sieur Albran, Philippe, décédé.

SOEURS HOSPITALIÈRES.

1730. Demoiselle Antelme, Marguerite.
1800. Jauvat, Agnés.
Martin, Adélaïde, épouse du sieur Antoine Courme.

1844 à 1847. Demoiselle Ricard, Adélaïde.

BIENFAITEURS DE L'HOSPICE.

1665. Le sieur Pouverin, Antoine, fit cons-

truire la maison que nous avons encore aujourd'hui, et fit en sa faveur
la fondation d'un chapelain. (1)

1807. 3 février. Le sieur Augier, Antoine lègue
dans son dernier testament à l'hospice
de Bormes, une somme de 300 fr.

1800. Demoiselle Fort, Magdeleine, laisse à
l'hospice une somme de 30 fr.

1829. 30 août. Par son dernier testament, le
sieur Pélegrin, Jean-Joseph, laisse
aux pauvres de Bormes, une somme
de 400 fr.

Par son testament à la date du 28 juillet 1834,
la dame Abra, Marie, veuve du sieur Lambert,
Jean-Joseph, laisse au bureau de bienfaisance
une somme de 300 fr.

Par son testament olographe du 9 novembre
1834, le sieur Brieugne, ancien curé de Bormes,
laisse aux pauvres de cette commune, une somme
de 1,000 fr.

Par son testament olographe du 5 mai 1847,
le sieur Bernard, François-Alexis, de Collobrières, laisse au bureau de bienfaisance une somme
de 500 fr.

(1) Voir la délibération du Conseil municipal du 12
août 1725.

Par acte du 19 mars 1772, le sieur Crest , André, dit Pierrot, donne à l'hospice une somme de 306 fr.

Par décret du premier jour complémentaire an XIII, l'hospice civil de Cuers, fut mis en jouissance de trois moulins à farine moyennant une rétribution annuelle de 20 fr. par an concédée à l'hôpital de Bormes.

Archives du bureau de Bienfaisance.

MONTAGNES DES MAURES.

Le territoire de Bormes , est traversé par les montagnes des Maures ou Mores, vraissemblablement ainsi dites des Sarrazins et Maures, qui s'y réfugièrent avec Mauronte, leur capitaine, lorsqu'ils étoient chassés par Charles Martel, l'an 730,

Les Sarrazins étoient originaires de l'une et de l'autre Arabie, savoir : de la Pétrée et de l'Heureuse. Le mot Sarrazin peut venir de Sarrach, qui, en langue arabique signifie brigandage ; à cause que ce peuple habitait en l'arabie déserte, et ne vivoit que de voleries, sans vouloir s'occuper à la culture de la terre. Le mot de Sarrazin , peut venir encore de Sarraca, ville en l'Arabie Pétrée.

D'autres auteurs disent , que le mot Sarrazin

peut venir de Sara, femme d'Abraham, se croyant être descendus de la race de son fils Isaac, à la différence des Agarréens ou Ismaélites, tous aussi bien peuples de la même Arabie, qui se disoient être originaires d'Ismaël, fils d'Agar, servante et concubine du même Abraham.

Ces barbares lorsqu'ils pénétroient chez nous, brûloient les temples et les documents anciens des églises, renversoient les autels, battoient les prêtres, violoient les religieuses, chassoient les évèques de leurs siéges, démolissoient les villes, détruisoient les villages, tuoient les hommes, ravissoient les femmes, emportoient les meubles, bref, ils erxerçoient partout des actes d'une inhumanité extrême.

(Honnoré Bouche. Hist. de Prov. p. 18, 698 et 701.)

CHEMINS COMMUNAUX.

Lorsque les Provenceaux n'étoient encore que Celtes, ils connoissoient imparfaitement la pratique des chemins. Les Phocéens leur en donnèrent un usage plus étendu. Les Romains les perfectionnèrent, lorsqu'ils furent entrés dans les Gaules. Ce fut alors que les édifices publics, les chemins militaires et autres, furent solides, faits avec règle, précision et magnificence. Les intendants de ces ouvrages, appelés préfets , procureurs des voies, et que nous appelons ingénieurs, inspecteurs des ponts et chaussées, avoient l'agrément du peuple à leur élection, sa confiance par leurs talents, sa reconnoissance après la perfection des ouvrages qui leur avoient été confiés. (1)

Les chemins communaux de Bormes , sont : le chemin de Bormes à la route impériele , n° 98 , de Toulon à Saint-Tropez ; les ehemins du Lavandou, du Pont, de Brégançon, de Bénat et de la Grande Ribe. (2)

L'ancien chemin d'Hyères avait traversé le quartier du Niel. Plus tard il passa par le quartier de Languilon, et en 1763, on le fit passer par le Para et la Verrerie. Ce n'est que depuis cette dernière époque que ce chemin passe par le Pin des Dévotes ; auparavant il prenait son embranchement à la chapelle Saint-Lazare et allait aboutir même au Puits de Castellan.

1829. Rectification de la partie du sommet des Pierres Blanches à Saint-Lazare , passant par l'aire du sieur Crest, Donat.

1840. Rectification de la partie du Pin des Dévotes à Saint-Lazare , passant par le pont des Pierres Blanches.

(1) Bouche, Charles-François, hist. de Pro. t. 1, p. 195.
(2) Voir à la commune , le paquet intitulé, Papiers des chemins.

1844. Rectification de la partie de 40 mètres avant d'arriver au torrent Cartampoche, à la route impériale, n° 98. Construction du pont du Cartampoche.

ROUTE IMPÉRIALE, N° 98·

—

La route impériale, n° 98, de Toulon à Saint-Tropez, traversant le territoire de Bormes, fut commencée en 1828, par le sommet de Grate-Loup au pont de la Verrerie; elle fut continuée et terminée les années suivantes.

PLACES PUBLIQUES.

—

La plus ancienne place de Bormes est connue aujourd'hui sous la dénomination de Aires du Couvent, anciennement place du Château.

La place Saint-François, fut faite de 1761 à 1770. On y planta les ormes. (1)

Giraud, Jean-Baptiste. et Bouisson, Jean-Baptiste, maîtres-maçons, furent les entrepreneurs.

La place dite, la petite Fontaine, fut faite de 1757 à 1763, sur le sol d'un cazal d'un moulin à

(1) Voir la délibération du Conseil municipal du 24 mars 1764.

huiles appartenant à l'hoirie de feu M. Pouverin, Gaspard. La construction de cette place coûte à la commune une somme de 228 fr.

La place au devant la chapelle de Saint-François-de-Paule a été commencée en 1837, sous le Prieuré de M. Giraud, Philémon, qui y dépensa, avec autorisation de la confrérie des Pénitents, une somme de 80 fr. Elle fut continuée en 1847, sous la direction de M. Honnoraty, Toussaint, maire par intérin, et en 1850-51, sous M. Honnoraty, Arsène, maire.

FONTAINES PUBLIQUES.

La fontaine dite la Grosse Font, a été construite en 1764, et placée au milieu de la rue. Quelques propriétaires des maisons situées par-dessous cette fontaine, se plaignirent à la commune de ce que l'eau s'infiltrait dans leurs maisons, et le 18 mars 1764, le Conseil municipal délibéra d'adosser la fontaine contre le mur où elle est actuellement.

On a vu couler une petite fontaine sur la petite place qui porte encore le nom de Petite Fontaine, que la commune fit construire de 1757 à 1763 ; elle exista jusqu'en 1820. Après, elle fut abandonnée. Elle a été reconstruite de nouveau en 1853.

Les sources de la Jaufrié ont été découvertes eu 1761 (1).

La commune acheta des Révérends Pères Minimes, en 1762, les sources de la Couverte et de la Ferrage, situées derrière le couvent, pour la somme de 450 fr. (2).

La commune acheta encore cette même année 1762, de la veuve Gasquet, les sources de la Chabaude, pour le prix de 100 fr. (3).

PUITS PUBLICS.

—

Nous ignorons l'époque où le puits d'Amon et les puits d'Aval ont été creusés. Nous n'avons trouvé seulement, dans les archives communales que le puits de Castelan; il fut creusé en 1727 (4). La commune employa une somme de 82 livres et 14 sols, pour le faire creuser, et 6 livres pour l'emplacement et passage qu'elle acheta de M. Peugros, Jean-François, ayant trois canes de largeur.

(1) Voir la dél. du Cons. mun. du 24 mars 1761.
(2) Voir la dél. du Cons. mun. du 12 septembre 1762.
(5) Voir la dél. du Cons. mun. du 10 juillet 1763.
(4) Voir les dél. du Cons. mun. des 12 juin 1727 et 1er jauvier 1728.

En 1844 la commune fit creuser le puits situé à l'est du hameau du Lavandou. Entrepreneur M. Giraud, Louis-Marius.

HORLOGE.

La première horloge à roues qui ait paru en France fut envoyée, vers 760 à Pepin le Bref, par le pape Paul Ier, et ce fut, sous Hugues–Capet, que parut la première horloge à balancier.

La tour de l'horloge de Bormes a été construite en 1789, par Cavalier, Hiacinte et Olibert, Jean, entrepreneurs. L'horloge a été faite par M. Jobert, Pierre, résidant à Méoune ; elle coûta 900 fr.

MOULINS A FARINE.

Nous avons à Bormes depuis un temps immémorial plusieurs moulins à farine, mus par l'eau ou par le vent.

Le moulin à eau était déjà connu du temps d'Auguste. Mais le moulin à vent, le chef d'œuvre de mécanique si utile, si commun et si peu apprécié, nous fut vers cette époque, apporté d'Asie, à la suite des Croisades.

EGLISE DE BORMES.

—

Nous ignorons l'époque où Bormes fut convertie à la foi catholique. La tradition nous apprend que Saint-Trophime, évêque d'Arles, aurait évangélisé les gens de Bormes, et que depuis, les habitants l'ont invoqué et l'invoquent encore comme leur patron.

Les évêques de Toulon avaient à Bormes une maison d'habitation (1).

Nous voyons aussi que la transaction passée entre les Chartreux de Notre-Dame-de-la-Verne, et les habitants de Bormes, le 11 février 1225, se termine ainsi : (Fait à Bormes, devant la Tour du Seigneur, Evêque de Toulon, etc., etc.

Gautier Gaufridi, évêque de Toulon, l'an 1268 et le 6, des ides de juin. Il ordonna la distribution des 12 prebendes et la création du personnat de l'Archidiacre et Archiprêtre, le premier desquels est Tolon. Au second archidiacre-chanoine, fut assignée l'église de Bormes, etc. (2).

(1) Voir un acte cité par **M. A. Denis**, dans ses promenades pittoresques à Hyères, troisième édition, page 564. (Actum Borme in domo habitationis dictis Reverendi domini episcopi, videlicet in saleta pineta, presentibus, etc., etc. Cet acte est de 1454, 5 février.)

(2) Pierre Louvet.

L'ancienne paroisse de Bormes, que nous pouvons encore reconnaître par le n° 5, de la section A du plan cadastral, menaçait une ruine totale, en 1771. La commune fit dresser un devis estimatif des grandes réparations qu'elle nécessitait, se montant à la somme de 10,500 fr., et le conseil communal, dans sa séance du 3 novembre 1771, délibéra d'en faire construire une nouvelle que nous pouvons de même reconnaître par le n° 460, du même plan et de la même section.

TRANSLATION DU SERVICE PAROISSIAL A LA CHAPELLE SAINT-FRANÇOIS-DE-PAULE.

—

L'an 1773 et le 16 février, en vertu de l'ordonnance de Mgr l'évêque de Toulon, Alexandre de Lascari, comte des Vintimilles, en date du 4ᵐᵉ janvier dernier, et dûment intimée et signifiée, M. Montanard, Benoît, chirurgien, maire-consul, avec M. Jauvat, Jean-François, cordonnier, M. Rainaud, Jean, ménager, M. Muraire, prêtre de la ville d'Hyères et le père Martin, minime, tous les deux secondaires, après avoir chanté la grand'messe du Saint-Sacrement, et accompagné des susdits sieurs consuls, et de M. Dragon, Félix, viguier, qui ont porté le dais et d'un grand concours de peuple, nous avons transféré le service paroissial à la chapelle Saint-François-de-Paule, et nous y avons porté la réserve du Saint-Sacrement processionnellement. Etant arrivés, nous y avons donné la sainte bénédiction en foi de quoi j'ai signé. Baude, curé.

(Arch. communale. Etat-civil.)

Bénédiction de la première pierre de l'église paroissiale.

—

L'an 1775 et le 2me jour du mois de juillet, après la permission que j'ai reçue de Monseigneur Alexandre de Lascari, comte des Vintimilles, en date du 3me du courant assisté des frères Pénitents, j'ai fait la bénédiction de la première pierre à la nouvelle paroisse, sur les sept heures du matin, et le lendemain que nous avons chanté le *Te Deum* pour le sacre et couronnement de Louis XVI, heureusement régnant, sous le pontificat de Pie VI; et ledit seigneur Alexandre de Lascari, évêque de Toulon, *Messire* Pierre-Paul, archidiacre de la cathédrale de la ville de Toulon, en cette qualité prieur décimateur de ce lieu de Bormes, *Messire* Esprit-Hiacinte-Bernard d'Albert, président, à la cour des comtes, seigneur de ce lieu, conjointement avec Madame Suzane de l'Enfant, son épouse, et demoiselle Anne-Marie de l'Enfant , sa sœur aînée, présent M. Muraire, prêtre secondaire, le père Martin, minime secondaire, le père Dragon, supérieur des minimes , M. l'abbé Alouis, prêtre aumônier de Bregançon, les deux frères Honnoraty, capucins, M. Félix Dragon, viguier, Joseph Honnoraty , maire, Antoine Augier et l'Ange Crest, consuls, M. de Saint-Victor, chevalier de Saint-Louis et ancien capitaine dans le régiment de Bearn, M. Dollonne, notaire royal, M. Benoit Montanard, chirurgien, M. Honnoraty , frère au sieur maire, greffier , M. Montanard, tailleur , trésorier, M. Gautier , bourgeois , M. Brunet et autres apparents, le sieur Antoine Arnaud , étant entrepreneur. La cérémonie étant finie nous retournâmes en procession à la chapelle Saint-François-de-Paule en chantant le *Te Deum* et après l'oraison *Pro gratiarum actione*, nous avons chanté grand'messe de la Sainte-Trinité, le père Dragon faisant diacre et le père Martin, sous-diacre , en foi de quoi j'ai signé :

BAUDE , curé,
(Arch. com. Etat-Civil.)

Bénédiction de la nouvelle Paroisse.

—

L'an 1783 , et le 12 janvier, après la permis-

sion que j'ai reçue de Mgr l'évêque Alexandre
de Lascari, comte des Vintimilles, je serais parti
processionnellement de la chapelle Saint-François-de-Paule , servant de paroisse, assisté de
M. Sénès, curé, du père Montanard, minime secondaire, de M. Dain , avocat en la cour et juge
de cette juridiction , de MM. les maires-consuls
et des principaux habitants du lieu, sous le règne
de Louis XVI , heureusement régnant , sous le
pontificat de Pie VI, et *Messire* Esprit-Hiacinte-
Bernard d'Albert , président en la souveraine
cour des Comtes , seigneur de ce dit lieu conjointement avec Mme Suzane de l'Enfant, son
épouse, et Mlle Anne-Marie de l'Enfant, sa sœur
aînée , pour me rendre à la porte de la nouvelle
paroisse, où étant, après avoir fait les prières ac-
coutumées, j'aurais commencé à faire la bénédiction sur les dix heures du matin des tours de
l'église par dehors, et étant revenu au lieu, d'où
nous étions partis, nous serions entrés dans la
nouvelle paroisse, en chantant les litanies des
saints et nous nous serions mis à genoux au premier degré du grand autel, après lesquelles et
avoir fait d'autres prières j'aurais fait la bénédiction des murs du dedans de l'église en haut et en
bas. Cette cérémonie finie, nous serions retour-
nés à la chapelle de Saint-François, et après

avoir entonné le *Pange lingua*, nous aurions porté en procession la réserve, pour la transférer à la nouvelle paroisse précédé de tous les bustes, de celui de la Sainte-Vierge et des frères pénitents, toujours assisté dudit M. Senés, du père Montanard, de M. Dain, des Maires et Consuls et suivi d'une très-grande foule de peuple. Arrivé à la nouvelle paroisse, nous aurions reposé la réserve au tabernacle du grand autel et y aurions chanté la grand'messe du dimanche *Infra octavan épiphaniæ*, au vœu et contentement de tout le monde. Laquelle finie, nous aurions donné la bénédiction du très-saint sacrement, et ensuite aurions chanté le *Te Deum*; et après l'oraison *Pro gratiarum actione*, ledit *Messire* Senès, faisant prêtre assistant, à toutes ces cérémonies. En foi de quoi nous avons signé:

Dain, juge, Jauvat, consul, frère Montanard, minime-vicaire, Senès, curé.

(Arch. com. état-civil.)

M. Joseph-François Reibaud, maître en chirurgie et en géométrie, résident à Grimaud (Var) et M. Bourgarel, architecte, ont fait les plans et devis de la nouvelle paroisse, M. Antoine Arnaud et Félix Suzane, furent les entrepreneurs. Mais n'ayant pas exécuté les travaux conformément au devis, leur adjudication fut remise au sieur Griosel, dernier entrepreneur.

(Archives communales.)

Vers le commencement du 12me siècle on attacha dans chaque église paroissiale un prêtre séculier, qui eût exclusivement le soin des âmes. Ce prêtre, comme tous ceux qui desservaient les églises dépendantes d'un monastère, s'appela d'abord chapelain curé *(capellanus curatus,)* et plus tard vicaire perpétuel.

L'abbé Magloire Giraud. Histoire du Prieuré de Saint-Martin, p. 16.

CLERGÉ DE LA PAROISSE DE BORMES.

CURÉS.

1553. Pierre Montanard.
      Jean Ricard.
1593. Antoine Florent.
1601. Pierre Clusman, docteur en théologie.
1661. François Ricard.
1662. Jean Phignon.
1665. Jean Pengros, docteur en droit, né à Bormes.
1680. Roland Turles.
1682. Honoré Chery.

1684. Louis Richard.

1687. Henri de Claire.

1694. Florent Antoine.

1696 à 1701. Ailhaud, Charles.

1701. Roustan.

1701. De Ville-Neuve, né à Bormes.

1701 à 1710. Jean-Baptiste Brun.

1710 à 1712. Sauvaire.

1713 à 1720. Arnaud Antoine-Marc.

1721 à 1751. Jauvat Bruno, né à Bormes.

1751 à 1780. Baude Antoine, nommé chanoine en 1769.

1780 à messidor an II. Senés, André.

L'an II à 1805. Antoine Jaume.

1805 à 1828. François Brieugué, nommé chanoine titulaire 1828.

1830 à 1849. François Trastour.

1er juillet 1849. Pélissier, Louis.

Vicaires.

Jean Montanarg, né à Bormes.

Jean Bausset, né à Bormes.

Jean Peiguier, né à Bormes.

1697. Heri.

1697. Sollier.

1700. Meinfredi.

1706. Gantelme.

1701. Arnaud.

1703. Bertin.

1707. Turrel.

1710. Pélissier.

1712. Olivier, aumônier de Port-Cros.
   Esclapon.
   Pouverin.

Jean-Chrisologue Rioulet, recolet.

Masse.

Jauvat Bruno, né à Bormes.

Albert Pouverin, recteur de la chapelle Saint-
   André.

1731. Bausset, prieur de Saint-André.

1732. Honnoraty.

1735. Dominique, comte observantin, aumô--
   nier de Port-Cros.

1765. Larme Dieu.

1766. Turrel Joseph.

1767. Clappier.

1767. Brunier.

1772. Muraire.

1780. Natal Honnoraty, capucin.

1757. Jacques Marcs, aumônier de Bregançon.

1786. Gay.

1788. Joseph Giraud.

1792. Chretien Chartreux.

1792. Gilbert Honnoraty, capucin.

1789. Laurent d'Aubernon, prêtre des Grands
    Augustins, aumônier des frères Péni-
    tents.
1789. L'abbé Alouis, aumônier de Bregançon.
1820. Cauvet, ex-minime.
1824. Grisole.
1826. Doux.
1826. Tholon.
1827. Granet.
1828. Lieutaud.
1841. Revest.
1846. Senès-Jacques Silvain.
1847. Cauveton.
1849. Gardane.
1852. Jourdan.
1853. Portanier, Jean-Baptiste.
1855. Sicard, Prosper.

BUREAU SANITAIRE DE BORMES.

—

Le très-mauvais état des archives de cette
commission ne nous a pas permis d'en connaître
les membres.

PRÉPOSÉS DE SANTÉ.

POSTE DE CAVALAIRE.

Jean-Joseph Michel, capitaine marin, préposé de santé provisoire en remplacement du sieur Moinac absent.

Le même ci-dessus, est nommé le 28 mars 1808, en remplacement dudit sieur Moinac, décédé.

Clément, Cauvet, ancien capitaine marin, en remplacement dudit sieur Michel, le 15 septembre 1813.

Jean-François Jauvat, capitaine marin, remplace le sieur Clément Cauvet, le 17 janvier 1814.

Jean-François Jauvat, donne sa démission en faveur de son gendre Tropez, Fabre, capitaine marin, le 23 juin 1839. Ledit Fabre est agréé par M. le préfet, le 11 juillet suivant.

Etienne-Tropez, Fabre, décédé le 22 octobre 1848, est remplacé par le sieur Antoine Héraud. ex-membre de la commission sanitaire, par délibération du 1er novembre 1848. Approuvé par M. le préfet, le 7 du même mois.

POSTE DU LAVANDOU.

—

1809. André Maure.

Le 20 février 1840. Le sieur André Ricard, préposé provisoire, en remplacement dudit sieur André Maure, décédé.

Joseph-Bonaventure Michel, ancien militaire, approuvé par M. le préfet, le 27 février 1840. Installé le 4 mars suivant.

Louis-François Augier, ancien marin, remplace le sieur Michel, décédé, par délibération de la commission administrative de Bormes du 24 novembre 1845. Approuvé par M. le préfet, le 5 décembre suivant.

POSTE DE BENAT.

—

François Fournier, capitaine marin, garde d'artillerie aux batteries du cap Benat, est le premier préposé de santé à ce poste, en 1800.

Justinien Brunet, est nommé en remplacement dudit sieur Fournier, décédé. Séance du 28 avril 1816.

Le premier avril 1832, le sieur Justinien Brunet, est changé. Il est remplacé par le sieur André Ricard ce même jour.

Le sieur André Ricard, est changé par délibération du 30 octobre 1842.

Par délibération du 2 novembre 1842, le sieur Etienne Garibaldy, brigadier des douanes, en retraite, est nommé en remplacement dudit sieur Ricard, approuvé par M. le préfet, le 12 novembre suivant.

POSTE DE BREGANÇON.

Bruch, préposé de santé au fort Brégançon, destitué par cause de violation formelle des lois sanitaires, il est remplacé par le sieur Jean-Louis Masse, ancien marin, le 31 décembre 1814.

Masse Remi, nommé par M. le préfet, le 24 novembre 1848, en remplacement dudit sieur Masse, son père, décédé.

POSTE DE LEOUBE.

Le poste de Leoube devenu vacant en 1819, par la mort de M. Bernardin Bremond de Leoube, les fonctions de ce poste furent remises au sieur Masse, Jean-Louis, préposé de Brégançon, le 18 juin 1819.

Les intendants ou préposés de santé des postes de Benat, Brégançon et Leoube, ont fini de fonctionner au 1er octobre 1849, et le service de ces postes fut confié à l'administration des douanes. Les postes de Cavalaire et du Lavandou, furent aussi confiés à la même administration, le 7 juin 1851.

(Arch. du Bureau Sanitaire de Bormes.)

PROPRIÉTÉS COMMUNALES.

—

Toutes les propriétés rurales-communales de Bormes, sont acquises à la commune par une transaction passée, entre Noble Henri de Grasse, écuyer, seigneur Baron de Bormes, et la communauté dudit lieu, le 16 mai 1553. Notaire Antoine Dragon à Bormes, par laquelle ledit seigneur, se départ en faveur de la communauté desdites propriétés, et de tous ses droits seigneuriaux, moyennant une pension annuelle de 625 florins.

Par autre transaction passée entre haut et puissant seigneur, messire Joseph Gaspard de Covet, chevalier, marquis de Marignane, seigneur de Bormes, Trest, Vellaux, Saint-Canat, Vitrolle, Gignas, Coudoux, la Bourdonnière et autres places, gouverneur pour le roi des îles d'Or et forteresse de Port-Cros, capitaine d'une compagnie de chevau-légers, d'une part, et la communauté de Bormes, par laquelle ledit seigneur et la communauté, se rapportent à la transaction du 16 mai 1553.

Archives communales.

Toutes les tours ruinées des moulins à vent et les relargs qui les entourent appartiennent à la commune.

Voir la transaction du 16 mai 1555, et la délibération du Conseil municipal, du 9 octobre 1791.

COUVENT DES MINIMES DE BORMES.

Le couvent des minimes a été le château seigneurial jusqu'au 11 Mai 1654, ainsi qu'on peut le voir par l'acte de fondation faite par le seigneur du lieu le 11 mai 1654. Une expédition de cet acte est dans les papiers du couvent, déposés à la commune.

Noms des correcteurs du Couvent de Bormes.

1657. Louis Leotard.
1660. François-Jérôme d'Etienne.
1662. Pierre Arbousset.
1664. Gaspard Laugier.
1665. Pierre Arbousset.

1667. Gaspard Laugier.
1668. Claude Baumont.
1669. Paul Trouche.
1670. Antoine Pilhara.
1671. Jérôme d'Etienne.
1672. Antoine de Saint-Vincent.
1673. Paul Trouche.
1674. Jean Trompet.
1675. Esprit Barnoin.
1676. Raimond Formilher.
1677. Paul Guigué.
1678. Joseph Villeneuve.
1679. Jacques Tamisier.
1680. Joseph Astier.
1681. Hilaire Aubert.
1682. Gaspard Sigalloux.
1683. Jean-Baptiste Aubidert.
1684. Roland Barbarić.
1685. François Baussier.
1686. Joseph Joannis.
1687. Martin Escoffier.
1688. J.-B. Gueidan.
1689. Martin Escoffier.
1690. Nicolas Esparvier.
1691. André Besson.
1692. J.-B. Barthelier.
1693. Germain Besson.

1694. François Baussier.
1695. Hiacinte Choux.
1696. Charles Suffin.
1697. Antoine Sigalloux,
1698. François Ricard.
1699. Joseph de Larmet.
1700. Joseph Ailhaud.
1701. Joseph Viali.
1702. Pierre de Riau.
1703. Joseph de Larmet.
1704. Charles Chaudou.
1705. Jean Bescoutin.
1706. Joseph Tiran.
1707. Charles Chaudou.
1708. Joseph Joannis.
1709. Charles Chaudou.
1710. Pierre Audibert.
1711. Barthélemy Fiullet.
1712. Michel-Ange Garret.
1713. Claude Saint-Girous.
1714. Pierre Audibert.
1715. J.-B. Barthelier.
1716. Auguste Fabre.
1717. J.-B. Barthelier.
1718. César la Bastide.
1719. François-Augustin Fabre.
1720. Honorat Revest.

1721. J.-B. Barthelier.
1722. Laurent Rigoud.
1723. Alexandre Bruni.
1724. Pierre Vernede.
1725. J.-B. Barthelier.
1726. Jacques Robert.
1727. Joseph de Larmet.
1728. J.-B. Barthelier.
1729. Benoît Silvestre.
1730. Claude Maurel.
1731. Benoît Silvestre.
1732. Claude Maurel.
1733. Joseph Jouvene.
1734. Joseph Silvestre.
1735. Joannes Salette.
1736. Mathieu Malherbe.
1737. Jacques Robert.
1738. Jean Armilon.
1739. François-Bonaventure Raynaud.
1740. J.-B. Dominique de Benat.
1741. Jean Armilhon.
1742. Jacques Robert.
1743. Honora Revest.
1744. Dominique Mayoli.
1745. Thomas Dragon.
1746. François-Bonaventure, Raynaud.
1747. Charles Terras.

1748. F.-B. Raynaud.
1749. Charles Terras.
1750. F.-B. Raynaud.
1751. Charles Terras.
1752. F.-B. Raynaud.
1753. Charles Terras.
1754. Jean-Laurent Sarraire.
1755. F.-B. Raynaud.
1756. Laurent Sarraire.
1761. Charles Terras.
1764. Bonaventure Raynaud.
1765. François-Joseph l'Ermite.
1767. Charles Terras.
1792. Thomas Dragon.

LE R. P. FRANÇOIS JÉROME D'ETIENNE.

—

Le R. P. Jérôme d'Etienne, fils d'Antoine d'Etienne et de Catherine Simeoni. Il étoit au couvent de Bormes en 1660. S'étant un jour, après le dîner, retiré dans sa cellule, rêveur inquiet, et ne pouvant presque souffrir les reproches que sa conscience lui faisoit à tout moment, il entendit une voix qui lui dit d'une manière fort intelligible : « Tu n'as plus que ce moment » pour prendre ton parti ou il faut que tu périsses

» pour toujours ou que tu changes de vie. » Ces paroles furent pour lui comme un coup de foudre. Il en fut troublé, épouvanté, consterné; son esprit, qu'un affreux nuage couvroit depuis longtemps, fut éclairé des plus pures lumières de la grâce; son cœur, auparavant languissant et froid, fut attendri dans l'instant, et divers saints mouvements s'en emparèrent tour à tour; ses deux yeux se changèrent en deux sources de larmes; il se mit à genonx, et s'humiliant dans la présence du Seigneur, il lui dit d'une voix entrecoupée de sanglots et de gémissements : « Eh mon Dieu! que deviendray-je si » je résiste plus longtemps aux impressions de » votre grâce; quel sera mon malheur si je mène » plus longtemps une vie si opposée à votre loy. » Sa bouche, grosse de soupirs, ne put dire autre chose; mais son cœur suppléant au défaut de sa langue, poussoit des continnels gémissements vers le ciel.

Le reste de ce jour se passa dans de différents sentiments de regrets, de craintes, d'admiration, de reconnaissance sur les bontés de Dieu. Les religieux qui n'avoient pas vu le P. d'Etienne ni à l'office des complies, ni à l'oraison, ni au réfectoire, montèrent à sa chambre dans l'appréhension qu'il ne se trouvât mal; mais ils furent

étrangement surpris de le trouver, contre son ordinaire, avec un air morne, noïé dans ses larmes,
son visage altéré et sa contenance toute consternée ; ils le prièrent de leur découvrir la cause
de sa peine ; mais le Père d'Etienne ayant toujours éludé de répondre à leurs charitables de-
mandes, ils attribuèrent son affliction à quelque
déplaisir qu'il avait reçu, et qu'il jugeoit à propos
de tenir sous le secret ; ainsi le mystère demeura
longtemps caché.

Cependant le trait de la grâce qui avoit percé
son âme lui faisoit à tout moment une nouvelle playe ; le souvenir de ses péchés passés
devenoit toujours plus amer ; le désir de re-
médier à sa conscience ulcérée augmentoit tous
les jours, et il demandoit à Dieu la grâce de
connoître ce charitable Samaritain qui devoit
panser ses blessures. Un sentiment intérieur luy
inspira de se mettre sous la direction d'un religieux très pieux et très éclairé dans la conduite
des âmes. C'étoit le Révérend Père Thimothée
de Reynier.

Le Père Jérôme d'Etienne ne pouvoit tomber
dans de meilleures mains ; cet excellent reli-
avoit toutes les qualités que demande l'impor-
tant emploi de directeur des consciences, etc.
Le Père Jérôme d'Etienne suivit l'étoile qui l'é-

clairoit et alla à Marseille se jeter aux pieds de ce sage médecin ; il confessa son injustice contre soi-même ; il découvrit ses ulcères les plus profonds, il le fit avec tant d'humilité et de regret que le directeur, sensible à l'affliction de son pénitent, ne put s'empêcher de luy dire : « Allez, » mon Père, consolez-vous ! car si je vois en vous » un grand nombre d'infidélités, j'y remarque » aussi une grande douleur d'avoir offensé Dieu. »

Le Révérend Père d'Etienne, purifié par cette confession générale, retourna fort content à son couvent de Bormes, où les premières grâces de conversion et de salut avoient été accordées. Le Seigneur, à la conduite duquel il s'étoit déjà totalement abandonné, veilla toujours sur ses besoins spirituels et corporels, etc., etc (1).

EXTRAIT DE LA BIOGRAPHIE UNIVERSELLE DE FÊLER

Vol. VI, page 128,

—

Montcinard, religieux minime, né à Bormes le 7 février 1752. A l'âge de quinze ans, il se rendit à Marseille où il prit, le 14 mars 1767, l'habit

(1) Voir la Vie de ce bienheureux, par le R. P. Pierre de Piian, religieux du même ordre, page 20.

de minime. Il fit profession l'année suivante, et fut ordonné prêtre le 23 septembre 1775, avec dispense d'âge, accordée par Pie VI. On lui confia diverses chaires entre autres celles de théologie à Aix et à Avignon. Pendant la Révolution, il montra le plus grand zèle et le plus rare dévouement ; il continua d'exercer le ministère, fut arrêté, relâché plusieurs fois, et comparut même devant le tribunal révolutionnaire. Après le concordat, il revint à Paris où il prêcha dans plusieurs églises avec succès. Nommé chanoine honoraire de Notre-Dame par le cardinal de Belloy, on l'appela en 1817 à Rome pour rétablir le couvent de la Trinité-du-Mont, sur le mont Pineis, couvent autrefois occupé par les minimes. Il prêcha le carême pendant six années consécutives dans l'église de Saint-Louis. Les minimes l'élurent collègue général de l'ordre dans leur chapitre de 1823. En 1828, le bon religieux se retira au modeste couvent de Saint-Sauveur-de-la-Cour, où il est mort le 14 mars 1838.

On a de lui : — *Discours sur la grandeur et la divinité de Jésus-Christ*, Rome 1819, in-8. — *Le chrétien uni au cœur de Jésus-Christ*, Rome 1818. — *Réfutation du principe de la souveraineté du peuple*, 1821, in-8. — *De l'infaillibilité du Saint-Siége*, prêché d'abord à Paris en français, puis traduit en latin, Rome, 1822. — *Soliloque d'un chrétien zélateur de la sainte Vierge*, 1838.

Le R. P. Charles-Jean Jauvat, naquît à Bormes, le 23 juillet 1751.

Le R. P. Jean-Bruno-Elzéar Montenard, aussi de Bormes, naquit le 7 février 1752.

Ils prirent, le même jour, l'habit des minimes dans le convent de Marseille, le 14 mai 1767, et firent profession le 16 mai 1768.

Le premier mourut à Marseille, vicaire à Saint-Théodore-en 1835, et le second à Rome, au couvent de la ...., au-delà du Tibre, le 14 mars 1838. Il était assistant général pour la France, et avait régi plusieurs années le couvent de la Trinité-du-Mont.

En 1785, le P. Jean-Charles Jauvat fut élu correcteur du couvent de Marseille.

Et le P. Elzéar-Bruno Montenard, de celui d'Aix.

En 1789, le R. P. Bruno Montenard fut élu un des collègues et définiteurs.

—

Bormes a donné le jour à plusieurs religieux minimes.

Le P. Pascal Cauvet, né le 28 mars 1717, fit profession le 23 septembre 1733, et mourut à Bormes en 1791.

Le P. Thomas Dragon, né le 29 juin 1715, fit profession le 24 octobre 1733. Mort à Bormes le 25 vendémiaire an v.

Jean-Joseph Cauvet, né le 27 janvier 1725, fit profession le 25 août 1743.

Hippolyte Mourdeille, né le 26 décembre 1730, fit profession le 29 janvier 1747.

Joseph-Bruno Cauvet, né le 10 septembre 1745, fit profession le 31 octobre 1762. Mort à Bormes le 29 juin 1829.

Aux termes du décret du 10 octobre 1789, les biens du clergé et des communautés religieuses furent déclarés *biens nationaux*, et, comme tels, réunis à ceux de la nation. Confisqués au profit de l'Etat, ils furent destinés à être vendus pour subvenir à la formation de 700 millions d'assignats.

Par d'autres lettres-patentes du roi sur les décrets de l'Assemblée nationale des 25, 26, 29 juin et 9 juillet 1790, la vente des biens nationaux fut autorisée, et le district d'Hyères vendit au sieur Donat Crest le couvent et toutes ses dépendances, par acte du 28 mai 1791.

Avant d'être vendu, le couvent avait été converti en hôpital militaire, en exécution de la réquisition du conseil d'administration du premier bataillon de la Montagne, en cantonnement à Bormes.

Par son testament, à la date du 28 juin 1829, notaire Giraud, à Collobrières, le sieur Donat Crest laissa à demoiselle Adelaïde Martin, sa nièce, l'ancien couvent des minimes de Bormes et toutes ses dépendances.

Par acte du 13 février 1850, notaire Honnoraty à Bormes, ladite demoiselle Martin vend au sieur François-Philémon Giraud, l'ancien couvent des minimes de Bormes et toutes ses dépendances. Ce dernier propriétaire, pour ressusciter le souvenir du passé, a fait reconstruire au milieu des décombres, et au bas d'une ancienne tour, une chapelle qu'il a dédiée à la visitation de la sainte Vierge. On y célèbre la messe depuis le 6 janvier 1851, avec autorisation de Mgr l'évêque de Fréjus, du 27 novembre 1850.

BREGANÇON
(TERRITOIRE DE BORMES).

—

Brégançon, cette remarquable construction, jetée sur un îlot, énorme rocher qui touche presque au continent, était connu de temps immémorial sous le nom de Pergantium, d'où vinrent les dénominations naturelles et successives de Pergançou, Brigançon, Bragansou, Brégançon. On assigne à ce lieu une antique origine, ou plutôt on suppose qu'une ville romaine gisait quelque part sur le continent en face du fort actuel ; elle aurait été appelée Pergantion.

(Etienne de Bizance.)

Par acte du 31 juillet 1348, la reine Jeanne, comtesse de Jérusalem et de Sicile, du duché de la Pouille et de la principauté de Capoue, de la Provence, de Forcalquier et du Piémont, fait donation à Jacques de Galbert, originaire de Marseille, du château de Brégançon, son territoire avec tous ses droits et appartenances, ensemble toute la justice et juridiction à exercer sur les hommes et sur les vassaux, etc., en outre des îles du cap Roux et de la Méliane, séparées dudit château par un petit bras de mer, et 249 livres coronats pour la garde dudit château.

Donné à Brégançon (dit l'acte) dans notre chambre, l'an du Seigneur 1348, le 31 juillet, indiction première, la sixième année de notre règne (1).

(1) Extrait du registre Crucis et Potentiæ conservé aux Archives de Sa Majesté, en Provence, dans l'armoire A.

Il paraît certain que le domaine de Brégançon ne resta pas dans les mains de Jacques de Galbert, et que la donation fut révoquée, puisqu'en 1385 il avait passé entre les mains de Raymond d'Agoul, qui en fit hommage au comte de Provence.

Après la réunion de la Provence à la France, François Ier donna la seigneurie de Brégançon au sieur de Blancard en juillet 1536.

La seigneurie de Brégançon était encore retournée entre les mains du prince en 1555.

En 1574, la terre de Brégançon fut érigée en marquisat en faveur du fameux Escalin des Aymars, baron de la Garde, et que pour son importance et son étendue, ce marquisat fut classé comme le second de toute la Provence.

En 1581, Brégançon est donné à Boniface de la Molle, seigneur de Collobrières, moyennant une finance de 19,230 livres.

En 1619, Brégançon est de nouveau donné à titre d'engagement à Melchior Gasqui, moyennant une finance de 24,000 livres.

En ...., Brégançon est vendu par les fils de Gasqui au sieur Louis Decormi.

En 1666, Brégançon est encore entre les mains du domaine, qui en perçut les revenus jusqu'en 1713.

En 1713, la terre de Brégançon est engagée au

sieur de Ricard moyennant une finance (suivant l'expression consacrée), de 2,400 livres. Le sieur Ricard et ses héritiers jouirent de ce marquisat jusqu'en 1777.

En 1777, Brégançon est adjugé par revente au sieur de Pateron, à la charge d'une redevance de 1,100 livres. Ce dernier en fit l'abandon au domaine, qui l'administra jusqu'en 1786.

Le 17 mars 1786, Brégançon est donné au sieur Pierre Rouard à titre d'accensement, à la charge de rembourser aux engagistes les prix de leurs engagements, et de servir au roi une redevance de 53 charges de froment, de payer lods aux mutations, et de faire procéder à ses frais à la reconnaissance des limites et au bornage de la seigneurie.

En . . . ., M. Pierre Rouard est exproprié et la seigneurie de Brégançon passe à M. Perret.

En . . . , M. Perret est encore exproprié au profit de M. Simon Sabran.

En 1836, l'hoirie de M. Simon Sabran, vend, par licitation, la seigneurie de Brégançon à MM. Alexandre et Adolphe Chappon frères.

En 1842, M. Adolphe Chappon reste seul propriétaire.

Les limites du marquisat de Brégançon étaient : au levant et au nord, la crête des plus hautes montagnes qui le séparent des communes de Bormes, Pierrefeu et Collobrières ; au couchant, par les rivières de Real-Martin et de Gapeau, et au midi, par la mer (1).

. Brégançon appartenait, en 1217, à Raymond-Geoffroy, seigneur d'Ières, fils à feu Pons de Fos. Il en vendit, cette même année, une partie à la république de Marseille, c'est-à-dire la portion qu'il possédoit des châteaux et seigneuries d'Ières et Brégançon, des Salines, des Iles-d'Or, avec tous les droits qui lui étoient échus de l'héritage de sa mère, dont ils païèrent comptant 18,000 sols roïaux. Le reste de ces deux places leur fut vendu deux ans après par Amiel de Fos (1219) pour le prix de 5,000 sols roïaux, etc. (2)

Les fortifications de Bormes consistent dans un fort construit sous Louis XIV, à l'extrémité d'une petite île qui est jointe au continent par une jetée en pierre de 82 mètres de longueur sur une largeur de 4 mètres. Il est occupé ordinairement par une garnison et peut contenir environ 200 hommes. Sa forme est un cône tronqué ; il

(1) Thilouer, Mémoire sur la délimitation du ci-devant marquisat de Brégançon en Provence, imprimé à Paris chez Chaigne, rue de la Monnaie, 11.

(2) Antoine Ruffi. Histoire de Marseille, 2e édit., p. 186. — Augustin Fabre. Histoire de Marseille, liv. I, p. 347.

protége une partie de la rade d'Hyères et parti-
culièrement la rade foraine de Brégançon qui lui
donne son nom. Outre le fort de Brégançon, il y
a sur les côtes de Bormes plusieurs bonnes redou-
tes et des fortifications nouvellement cons-
truites (1).

Durant le cours de ce même an (1199), Simon
Camille, gentilhomme gênois, capitaine de quelques galères de la seigneurie, courant aux côtes
de la Provence, démolit et rasa une petite forteresse placée vis-à-vis des îles Stécades ou Iles-
d'Or (que le vulgaire de ce pays appelle îles
d'Hyères), mais non guère reculée du lieu de
Bormes, le long du bord de la mer. Ce capitaine,
après avoir rasé et fondu le fort, délivra quelques
Gênois que les habitants du lieu tenaient prisonniers par le commandement d'Ildephonse (2).

En 1393, une troupe de corsaires bannis du
pays se saisirent du fort de Brégançon, et rava-
gèrentt toute le côte de Provence jusqu'aux mers
de Marseille, etc. (3)

Le 30 octobre 1564, Charles IX vint dîner à

(1) N. Noyon. Statistique du département du Var,
p. 33.

(2) Nostradamus. Hist. de Provence, p. 165.

(3) Antoine Ruffi. Hist. de Marseille, 2e édit., p. 259.

Brégançon, forteresse sur un rocher dans la mer, pour voir les Iles-d'Or, qui sont à l'opposite, et retourna coucher à la ville d'Hyères où il demeura cinq jours (1).

En 1793, Napoléon Bonaparte vint visiter le fort de Brégançon, et coucha à Bormes dans la maison de M. André Crest.

OLBIA, APPELÉE AUJOURD'HUI LÉOUBE
(TERRITOIRE DE BORMES).

Olbia étoit une ville que les Marseillois bâtirent sur le rivage de la mer pour contenir les Salyes et les Liguriens qui troubloient leur commerce. Strabon la place entre Antibes et Taurœntum (la Ciotat); les autres géographes s'accordent à la mettre entre le cap Sicier et le fleuve d'Argent. Dans ce long espace de côtes, il seroit difficile de fixer au juste la position d'Olbia, si elle ne se trouvoit déterminée par l'analogie du nom. On croit communément qu'Hières est l'Olbia des Marseillois. Mais, outre que le nom de cette ville qui est Aræ ne justifie pas cette opinion, paroît-il vraisemblable que cet ancien peuple, qui ne bâtissoit des villes que près des rivières pour y déposer ses marchandises, ou sur des golfes pour

(1) Honoré Bouche. Hist. de Provence, t. II, p. 648.

défendre ses vaisseaux contre les attaques des ennemis, ait placé une colonie à Hières, d'où il ne pouvoit retirer aucun des avantages qu'il se proposoit en faisant de pareils établissements; il faut donc chercher un local qui réponde à ses vues politiques, et qui soit semblable à celui où étoient placées d'autres colonies. Ce local nous est désigné par le nom d'Eoube qu'il porte encore. C'est un port situé vis-à-vis des îles Stécades, que les Marseillois cultivoient, suivant Strabon, et où ils avoient mis une garnison pour en éloigner les pirates. Il étoit tout naturel qu'ils bâtissent une ville sur le rivage voisin pour en tirer, en cas de besoin, les secours nécessaires. Nous croyons donc que l'Olbia Grec n'étoit pas éloigné du port de Léoube. Elle fut bâtie 151 ans avant Jésus-Christ (1)

Ainsi que nous l'avons dit plus haut, en 1619, la terre de Brégançon fut aliénée à titre d'engagement à Melchior de Gasqui, avec défense de la démembrer. Néanmoins, il en démembra le

(1) Papon. Histoire de Provence, t, I, p. 88 et 524. — Voyage littéraire de Provence, p. 197 et 200. — Augustin Fabre. Histoire de Marseille, t. I, p. 44. — Bouche. Addition à la chorographie de la Provence, p. 926. — Garcin. Dictionnaire de la Provence, t. II, p. 258.

fief de Léoube en faveur de François Boconi, à qui il avoit donné une de ses filles en mariage.

En 1745, la succession de François Boconi, possesseur de Léoube, fut acquise au gouvernement par droit d'aubaine. Il avait des créanciers ; la chambre du domaine leur abandonna la terre de Léoube en 1746 pour la somme de 30,000 livres pour les payer de leurs créances. Ces créanciers étoient : Simon Segard, marchand mercier, bijoutier à Paris, et la dame Françoise-Agathe Louis, son épouse. Le sieur Segard et son épouse vendirent le fief de Léoube au sieur Jean-Antoine et Barthélemy Bremond frères, acte reçu par M. Brillon et M. Brochard, son collègue, notaires à Paris, le 5 octobre 1746. La famille Bremond demeure propriétaire de la seigneurie de Léoube jusqu'en 1838, époque à laquelle elle fut vendue par MM. Bernardin et Eugène Bremond à M. Joseph-Emile Gérard, négociant à Toulon. Cette seigneurie a une superficie de 612 hectares 17 ares et 56 centiares. (*Voir au Supplément n° 28.*)

MOUILLAGE DE LÉOUBE.

—

Position : Longitude, 30°,55 ; latitude, 3°,7. C'est une plage de refuge, fréquenté par les bâtiments de la marine marchande qui n'excèdent pas trois mètres de tirant d'eau. Elle est située au fond nord de la rade d'Hyères, entre les Salins et le fort de Bregançon (1).

BENAT
(TERRITOIRE DE BORMES).

—

Benat était un tènement de la seigneurie de Bormes. Cette propriété fut vendue par magnifique seigneur Roland de Grasse, sieur et baron deBormes et de Möuans, à noble Antoine Gentil, sieur de Benat, avec tous droits, lods, rentes, censives et autres droits seigneuriaux que ledit sieur de Bormes et ses prédécesseurs avoient accoutumés, et étoient en possession de prendre et percevoir dans tout le terroir de Bormes. La moitié de la juridiction de tous droits et actions quelconques, que ledit magnifique baron de Bormes avoit, tenoit, et possédoit aux étendues et limites de la mer, visant et confrontant au dit Benat. Confrontant (partie de la Favière) la Garonne, seguent lou ruisseau Sive Riol, allant à la montade vers soleil couchant, et jusques au chemin de Benat, avec la terre de Jean Gaillien, al-

(1) **N. Noyon** Statistique du départemen du Var, p. 42·

lant férir et finir au château, et seguent la serrière à la montade Sive Puade ainsi que eau dépend de ladite favière jusques au cresten de ladite
serrière, ainsi que eau dépend vers ledit affard
de ladite favière et finit à la ribe de la mer vers
ladite Garonne toujours ainsi que eau dépend
vers ledit affard et autres (Pour Benat). Confrontant dudit chemin de Benat, suivant toujours le
chemin de Benat jusques à la montagne, et de la
dite montagne seguent lou serre jusques à la
Garde Vieille, et de la Garde Vieille seguent
toujours ladite montagne jusques à la Garde
Nouvelle, et de ladite Garde Nouvelle tirant à
droit fil jusques au rivage de la mer, et suivant
toujours le rivage de ladite mer jusques à la Garonne de la favière, etc., etc. Cette vente fut faite
moyennant le prix de mille écus d'or, et reçue
par maître Balthasard Chabaud, notaire royal,
de la ville de Draguignan, le 28 octobre 1570.

Le 7 mars 1640, le sieur Jean Gentil, écuyer,
conseigneur de Benat, vend à sieur Henry de
Gérard, bourgeois de la ville de Marseille, la
moitié de la place, terre, seigneurie et château
de Benat, haute, moyenne et basse juridiction
avec tous ses droits et appartenances à luy ave-
nues, savoir : la qutrième partie, comme co-hé-
ritier de feu M. Paul Gentil, avocat, son frère,

de la ville de Draguignan, et l'autre quatrième à
luy remise par sieur Pierre Gentil, son frère, de
la ville de Draguignan, pour les causes contenues
en l'acte de partage passé devant M· Pierre Arnoux, notaire à Draguignan, le 30 octobre 1628.
Ladite place étant de l'héritage de feu noble Antoine Gentil, vivant, sieur de Benat, oncle dudit
sieur Jean Gentil, sous les mêmes confronts que
ceux de l'acte du 28 octobre 1570. Cette vente
de la moitié de Benat fut faite moyennant le prix
de 4,000 livres, et reçue par M. Benoît, notaire
à Marseille.

Le 17 juillet 1643, le sieur François Baldouyn,
conseigneur de Benat, conseiller du roy, et son
receveur aux douanes des drogueries et épiceries,
en la ville de Marseille, vend au sieur Henry de
Gérard, aussi conseigneur de Benat, écuyer de
la ville de Marseille, la part et portion de la terre,
place et seigneurie de Benat, avec haute, basse
et moyenne juridiction, mère, mixte, impère et
tous autres droits seigneuriaux à luy abvenus,
par un partage reçu par M. Honnoré Ricard, notaire de Bormes, le 8 décembre 1643. Le sieur
Baldouyn avait acquis cette portion ou moitié de
la terre de Benat, de sieur Pierre Gentil, de la
ville de Draguignan, par acte reçu par M. Pascal,
notaire, de ladite ville, l'an 1640 et le 16 mars.

Cette vente fut faite moyennant le prix de 1,500 livres, notaire Garnier, à Marseille, le 14 juillet 1643.'

Le 12 juin 1743, Benat est vendu par les sieurs de Gérard de Benat, frères, au sieur de Baptendier. Notaire Jean à Aix.

Le 26 juillet 1751, messire Gaspard-Ignace de Gérard de Benat, prêtre de la ville de Marseille, sieurs Henry-François de Gérard de Benat, et Jean-François de Gérard de Benat, de Beauregard, frères, vendent à Messire Marie-Antoine de Moricaud, seigneur de Soleilhas, la terre, place et seigneurie de Benat, avec la haute, moyenne et basse juridiction, mère, mixte, impère, etc. Cette vente fut faite moyennant le prix de 20,500 livres, savoir : Benat, 10,000 liv. ; la Favière, 5,000 livres ; meubles, 4,000 livres ; une pension d'une charge de blé, 700 livres ; bosque de Gaspardet et deux caves du village, 300 livres et 50 livres pour le pot de vin et épingles de cette vente, acte reçu par M. Boyer, conseiller du roy, notaire garde-notes à Aix.

Le 8 octobre 1810, Mme Marie-Marguerite-Désirée de Moricaud, veuve de sieur François-Boniface de Fortis, fille et unique héritière de feu sieur Marie-Antoine de Moricaud, décédé à Benat le 2 juillet 1778, vend à M. Joseph-Justinien Brunet et à dame Marie-Pauline Peyron, son épouse, la seigneurie de Benat, avec tous ses droits, attenances et dépendances, etc. Cette vente fut faite moyennant le prix et somme de 31,000 francs, notaire Honnoraty à Bormes.

Le 23 avril 1825, M. Joseph-Justinien Brunet et dame Marie-Pauline Peyron, son épouse, vendent à M. François Vidal, capitaine d'infanterie, en non activité, et officier de l'ordre royal de la Légion-d'Honneur, la seigneurie de Benat, attenances et dépendances, etc. Cette vente fut faite pour et moyennant la somme de 12,000 francs, acte reçu par M. Bonaventure Honnoraty, notaire à Bormes.

Le 28 mars 1845, ledit sieur Vidal vend le domaine de Benat à dame Marie-Louise-Héléne de Raigecourt, veuve de Beuvier, domiciliée à Paris, notaire Mille à Hyères. Cette seigneurie comprend à la section F de la matrice cadastrale les numéros 457 et suivants jusqu'au numéro 493 inclusivement. Elle forme une contenance de 279 hectares 62 ares 75 centiares,

Le 5 août 1851, ladite dame de Raigecourt, veuve Beuvier, fait donation du domaine de Benat en faveur de Mme Elisabeth de Lascaze, épouse de M. de Retz, nièce de la donatrice (1).

(1) Archiv. de M. de Retz.

La chapelle de Notre-Dame de Benat fut interdite à l'époque de la Révolution française ; mais, malgré cette interdiction, les habitants de Bormes ont toujours continué chaque année leur pieux pèlerinage au jour de la fête (25 mars).

Par autorisation de Mgr l'évêque de Fréjus du .... 1844, la chapelle de Notre-Dame de Benat fut réparée, et l'on y célèbre depuis, le saint Sacrifice de la messe.

MÉMOIRE DE M. DE BENAT.

—

Le 13 juillet 1707, je vis , sur les sept heures du matin, à la hauteur du cap St-Tropez, une escadre de dix-huit vaisseaux que je jugeois être presque tous du premier et second rang. Ces vaisseaux venoient de Ponent par un vent arrière qui leur fit bientôt doubler le cap ; et ce qui me fit croire que c'étoit l'escadre de Catalogne qui alloit joindre le gros de l'armée des alliéz qui étoit vers Nice, pour venir tous ensemble à Toulon, Monsieur de Savoye ayant résolu d'en faire le siége. Le dimanche 17, je vis, sur les six heures du matin, déborder toute l'armée navale du cap de St-Tropez ; et comme elle venoit par

un vent d'est qu'elle avoit en poupe, je la vis
bientôt sur le cap Benat. je crus qu'elle iroit
mouiller à Gapeau, mais elle mouilla en confu-
sion entre Bagueau, qui est la plus petite des îles
d'Hières, et mon cap, ce qui parut aux gens du
métier un peu extraordinaire. Je comptois plusieurs fois 102 bâtiments, parmi lesquels il y
avoit 30 gros vaisseaux de guerre, 26 frégates
très belles, et le reste étoit composé de vaisseaux
de charge, de bombardes, de tartanes ou barques,
et de brigantins très bien arméz et deux particu-
lièrement qui étoient très propres, et qui res-
sembloient à des galiotes. La première descente
que les ennemis firent, fut à l'isle de Bagueau, où
ils tuèrent quantité de bestiaux qui appartenoient
au commandant de Port-Cros. Ce commandant,
qui étoit un brave homme, fit tout ce qu'il put
pour l'empêcher; il tira du canon sur les ennemis pendant plus de deux heures, mais ce fut
inutilement. Ils lui brûlèrent sa barque chargée
de bois pour Marseille, mais ils n'osèrent l'insulter dans ses forts. La mer étoit alors dans le
plus grand calme, et il ne se passa rien jusqu'au
jeudi 21. Ce jour là, à une heure après-midi, un
petit vaisseau qui étoit proche du cap Benat se
faisant remorquer par deux chaloupes, vint à
l'abri d'une Pinede qui est sur une hauteur qui

m'empêcha de rien voir, le long de ma côte en cet endroit, jusqu'auprès de ma plage d'où il détacha une chaloupe avec une quinzaine d'hommes. Cette chaloupe doubla un petit cap, et elle parut à la plage. M. de Ramatuelle, capitaine général de notre côte depuis St-Tropez jusqu'à mon cap, dînoit chez moi avec trois de ses amis ; et dès que je leur eus dit que cette chaloupe s'approchoit, chacun se leva de table. Nous prîmes les armes ; nous sortîmes au nombre de vingt personnes, et nous marchâmes vers la mer avec le plus de vitesse qu'il nous fut possible, mais nous n'arrivâmes pas à temps. Cependant, tout l'exploit de ces braves n'aboutit qu'à l'enlèvement de mon canot. Nous ne laissâmes de tirer sur eux ; ils nous répondirent par environ une douzaine de coups, dont nous n'eûmes personne de tué ni de blessé ; nous ne sûmes pas s'il n'y en eut point parmi eux. Voilà les deux premiers exploits de la grande flotte des alliéz qui nous firent croire qu'ils n'anroient pas une suite plus avantageuse. Je commençai la nuit suivante à faire faire bonne garde, et je fis coucher six hommes dehors, avec ordre de ne point tirer, et de m'avertir de tout ce qui se passeroit. Le 22, sur les cinq heures du matin, on me vint avertir que deux brigantins et deux chaloupes venoient au cap de Benat : j'ordonnai qu'on leur laissât mettre pied à terre, et ayant assemblé aussitôt mon monde, je dis que je voulois voir les ennemis de près ; lorsque je jugeai qu'ils pouvoient s'avancer, nous allâmes au devant d'eux, au nombre de trente. Je dis à mon cadet qui bat bien le tambour, de le prendre, et au lieu de la marche, je lui fis battre un rigaudon ; toute notre troupe fut charmée et poussa un grand cri de joye. Nous nous avançames vers mon vignoble, par où il falloit que les ennemis passassent pour venir à nous ; nous en vîmes bientôt paroître soixante ; mais à peine nous eurent-ils aperçus et entendu le rigaudon, qu'ils demeurèrent si déconcertés qu'ils prirent la fuite : nous les poursuivîmes, et nous leur fîmes deux décharges qui en blessèreet quelques-uns. A dire le vrai, il en serait peu échappé si je l'avois voulu, puisque si je leur avois dressé une embuscade , il n'en seroit échappé aucun ; mais je fis réflexion que cette action se passant à la vue de l'amiral d'Angleterre entouré de cent voiles qui étoient à la portée du canon de mon cap, elle ne pouvoit que l'irriter et le porter, pour se venger, à faire chez moi une descente de mille hommes, et de plus, s'il avoit voulu, pour mettre le feu partout, ce que je n'aurois pu éviter, parce que mes forces ne vont qu'à empêcher que je sois insulté par un coup de main de cent ou deux cents hommes tout au plus. Mais revenons aux brigantins et aux chaloupes des ennemis. Il ne leur fallut pas dire de se mettre au large, ils le firent de fort bonne grâce, et ils cinglèrent, par un petit vent qu'ils avoient en poupe, vers Cavalière, où ils abordèrent et descendirent sur les dix heures. Cavalière est une terre enclavée dans la baronie de Bormes qui appartient à M. le marquis de Marignane. On y recueille beaucoup de bled; il y a une bastide et quelques bergeries. Il ne s'y trouva que quelques paysans qui achevoient de fouler le bled, et qui prirent d'abord la fuite. Les ennemis avancèrent à cette bastide et la brûlèrent avec tout le bled qui y étoit, ainsi que celui qui étoit encore en gerbes aux aires, et ils allèrent ensuite à quelques cabanes de pauvres paysans aux environs, où ils mirent le feu et brûlèrent tout leur bled, et non contents de tous ces désordres, ils brûlèrent tout le bois coupé qui était à la plage, dont la plus grande partie m'appartenoit; ils mirent aussi le feu au bois qui était au dessus de la bastide, ce qui causa un incendie qui dura presque deux jours, et qui brûla demi lieue de pays. On prétend qu'ils n'ont fait cet acte d'hostilité, qui est contre le droit de la guerre, que pour se venger d'avoir été repoussés à Benat. Sur le midi, il se détacha un vaisseau de l'armée avec quatre chaloupes ; c'étoit le même vaisseau qui avoit enlevé mon canot, et il alla mouiller par les revers devant le petit port de Léoube où il y avoit sept barques de Bormes chargées de bois à brûler pour Marseille. Le vaisseau fit grand feu de son artillerie pour écarter les patrons qui étoient sur des hauteurs avec d'autres personnes, afin d'empêcher le brûlemet. A la faveur du canon, les chaloupes entrèrent au port, et, nonobstant quantité de coups de fusils qu'on leur tira de terre, ils brûlèrent entièrement ces sept barques.

Le lendemain 23, à huit heures du matin, un vaisseau et une bombarde vinrent mouiller devant mon cap à la portée du canon. Ils avoient chacun deux chaloupes qui les remorquoient. Je crus alors que j'allais être insulté dans les formes ; néamoins je ne perdis pas courage, j'ordonnai à mon monde de s'aller camper dans le bois au bord de la plage, et de marcher en zig-zag, afin que l'apparence fît croire notre troupe plus nombreuse. Mes ordres furent très bien exécutés, et comme de Bormes on voit tout ce qui se passe à la plage, douze de mes amis qui virent le manége de ces vaisseaux, vinrent me joindre. Ce secours ne me fut pas inutile, car je les priai d'abord d'aller joindre mes gens ; et comme ils marchèrent dans le même ordre qne les premiers, cela fit un très bon effet, et je fus persuadé que ces vaisseaux crurent qu'il y avoit plus de cent hommes, quoiqu'il n'y en eût que quarante. Cependant je fis réflexion que les vaisseaux n'étoient pas là pour m'insulter, parce que n'ayant bombardé ni Port-Cros ni Bregançon, qui sont des forteresses, ils ne viendroient point bombarder une bicoque comme ma maison, ce qui ne répondoit pas à la fierté anglaise. Je ne me trompai point : les vaisseaux repartirent le soir et allèrent rejoindre l'armée. Comme nous étions uniquement attentifs à leur manége, deux chaloupes vinrent au cap Benat, firent descente, ravagèrent un petit vallon, où ils coupèrent par le pied une quarantaine de figuiers. Ils avancèrent de là an cap où ils mirent le feu. On vint m'avertir de ce désordre, et j'y envoyai d'abord dix hommes qui ne trouvèrent plus personne, tous s'étant rembarqués. Comme il faisoit très peu de vent, le feu s'éteignit sur les dix heures du soir, et cet incendie ne m'a pas causé un grand dommage, au contraire je puis dire que j'ai obligation à Messieurs les Anglois qui m'ont fait découvrir par le brûlement sur le plus haut du cap uu vieux retranchement triangulaire que les boi m'avoient toujours empêché de voir. Il est très bien fait et peut contenir environ cent hommes. Il a deux faces du côté de la mer; l'une du côté de l'ouest sur le golfe d'Hyères, et une autre du côté de l'est sur le golfe de Bormes, et le troisième du côté de la terre.

Le cap de Benat est la pointe la plus méridionale de la Provence, et sépare le golfe d'Hyères d'avec celui de Bormes. C'est l'endroit le plus propre de notre côte pour les petits bâtiments. Ils y mouillent en sûreté à droite et à gauche, à moins que les vents de sud, sud-ouest et sud-est, qui sont les traversiers, ne soient très violents; ainsi il ne faut s'étonner s'il y a toujours quelques felouques, quelques brigantins ou quelques tartanes, et surtout les Gênoises qui y mouillent. Je crois, avec quelque apparence de raison, que le retranchement découvert a été fait du temps des guerres de François Ier et Charles-Quint, et qu'il à servi ensuite contre les irruptions que les corsaires de Barbarie faisoient tout le long de notre côte, il n'y a pas quatre-vingts ans.

Le 24, il y eut pour moi un agréable changement de décoration : toute l'armée navale se mit à la voile le matin; elle alla mouiller à Gapeau. Le 25, cette armée mit 200 hommes à terre, qui firent sommer Hières qui leur ouvrit ses portes, n'y ayant point de troupes. Le major général de leur armée navale, qui est Irlandois et fort honnête homme, en prit possession ; il en fut nommé gouverneur. Les ennemis étant maîtres de la porte, ils se répandirent dans la campagne qu'ils ravagèrent. Ils commencèrent par Broumète, qui est un château situé près des Salins, et qui appartient aux Pères chartreux de la Verne ; ils répandirent tout le vin et l'huile qui y étoit en assez grande quantité et emportèrent les futailles, de même que les portes et les fenêtres, et ensuite ils mirent le feu au château et aux granges, dans lesquelles il y avoit beaucoup de grains.

Quoique Monsieur de Savoye eût fait publier en arrivant qu'il venoit comme ami et non comme ennemi ; que ceux qui demeuroient dans leurs maisons ne seroient point inquiétés et qu'on ne leur feroit aucun tort, les troupes étant entrées dans le château de M. de Bonconi (Léoube), elles enlevèrent ses meubles et lui prirent tout son argent. Cependant tous les vaisseaux, à la réserve de vingt, partirent pour se rendre devant Toulon, afin de tâcher d'entrer dans la rade.

Dès que je cessai de voir les vaisseaux devant moi, j'ordonnai à mes gens de tirer sur tout ce qui s'approcheroit du cap : et comme tous les jours ou des brigantins ou des chaloupes y venoient, vous pouvez juger de quelle manière ils étoient régalez. Enfin dès que la flotte se fut engouffrée vers Hières, on n'osa plus mettre pied à terre ici. Ils mouillèrent toujours hors de la portée du mousquet, et mes gens ne laisssaient pas de tirer sur eux avec de gros mousquets qui portent plus loin que les autres, et ils avoient le plaisir de les voir reculer. Etant un jour allé à Bormes, je ne pus m'empêcher de rire ayant entendu tout à coup le valet de ville qui, après avoir sonné trois fois de la trompette, cria en notre idiome, « Il est ordonné à tous les muletiers de ce lieu, de la part de S. A. R. Monseigneur le duc de Savoye, notre seigneur et maître, à qui Dieu donne longue et heureuse vie, de se rendre demain à la place pour porter de la farine au camp, sous peine de punition corporelle. » M'étant informé d'où venoit cette nouveauté, les consuls me dirent que c'étoit la formule que M. de Fontana, intendant de S. A. R., leur avoit donnée à Hières. C'est là un des principaux actes de souveraineté que Monsieur de Savoye a fait dans la Provence (1).

(1) Hist. du siége de Toulon, où l'on voit les raison. politiques qui ont fait agir ceux qui l'ont entrepris, et tout ce qui s'est passé depuis que Monsieur de Savoye est entré en Provence jusques au jour que ce prince en est sorti. — A Toulon, chez la veuve Boude, 1708.

CAVALIERE.

—

Cavalière , autrefois Bal-Neuf-de-Cavalicre , Castel-Mayor ou Château-Majeur, aujourd'hui Casteou-Maou et Cavalière (1).

Cavalière était un tènement de la seigneurie de Bormes. D'après le procès-verbal de division et d'estime en date du 28 messidor an III, dressé par les citoyens Antoine Crest et Joseph Marin, officiers municipaux de cette commune, experts nommés par le directoire du district d'Hyères. Cette propriété contient en semence, savoir : en essarterie, 19 charges, et en plaines , 59,229 cannes. Elle confronte de levant les frères Touze et Pierre Monnier ; midi, le rivage de la mer, Jean-Jacques Dragon et Jean-Joseph Courme ; couchant, Jean-Jacques Dragon et Jean Raynaud ; septentrion, Jean Gibert, Jean Raynaud, les frères Montanard et la veuve Gautier (2).

L'an 1565 et le onzième juin, certain nombre de galiotes turques firent descente aux endroits

(1) Archives communales. Registre des comptes trésoraires, p. 140.

(2) Archives communales.

de Bormes (Cavalière) et de la terre de la Molle,
et mirent en terre un grand nombre de Turcs,
et saccagèrent la maison et château de la Molle,
et prirent plusieurs prisonniers, et encore le 22
septembre vinrent audit château et prirent quantité d'hommes, de femmes et d'enfants, etc. (1)

Le 4 mai 1742, un nombre assez considérable
de bâtiments espagnols poursuivis par d'autres
bâtiments anglais, débarquèrent à Cavaliere. Le
commandant de la flotte espagnole députa un de
ses officiers au seigneur de Bormes (M. de L'hé-
raul), qui, sans en rien dire aux consuls de la
commune, logea tous les marins, soldats et pas-
sagers chez les habitants (2).

Mme Anne-Henriette de Félix d'Oliere, veuve
de M. Gaspard-Joseph-Léon marquis de Guey-
dan, héritière de Mademoiselle de l'Enfant, vendit
la propriété de Cavaliere à M. Blaise Monnier par
acte du 20 décembre 1832, notaire Honnoraty, à
Bormes,

M. Blaise Monnier vend encore la propriété de
Cavaliere à M. Jean-Baptiste Martel, par acte du
20 septembre 1835, notaire Honnoraty à Bormes.

(1) Pierre Louvet.
(2) Voir la délibération du Conseil municipal du 6 mai
1742.

LA VERNE

(En grande partie située dans le territoire de Bormes).

—

La Provence avait pour souverain, à l'époque de la fondation de la Chartreuse, un prince de la maison d'Aragon. De retour à Barcelone après avoir pacifié cette province et ramené Nice à l'obéissance, ce prince confia l'administration de la Provence à Raymond Béranger, son frère ; celui-ci, suivant l'esprit de son siècle, protégeait, encourageait les établissemens religienx ; tout ce qui s'y rapportait se ressentait de sa munificence. Les seigneurs imitaient leur suzerain, persuadés d'ailleurs que contribuer à l'érection d'un monastère, d'une église était le moyen d'attirer les bénédictions du ciel sur des expéditions aussi aventureuses que les croisades, ils cédaient avec facilité aux gens d'église une partie de leurs immenses domaines que le défaut de bras laissait incultes, et n'attachaient que peu de prix à ces épaisses forêts dont l'exploitation était pour ainsi dire inconnue. C'est par l'effet de ces circonstances que les premiers habitants de la chartreuse de la Verne devinrent possesseurs d'une étendue considérable de terrain (au delà de 3,000 hect.), qui leur fut abandonnée par les seigneurs de Collobrières, de Bormes, de la Molle, et dont la circonscription forma un territoire distinct, ne dépendant d'aucune commune voisine, un domaine particulier où ils exercèrent tous les droits féodaux et seigneuriaux à la faveur et en vertu des grands priviléges qui leur furent octroyés par Alphonse Ier, etc. (1)

La Verne, ou Laverne, ou Averne. Les Camatulicis, peuplade celtholigienne, habitaient cette contrée. Les Marseillais vinrent leur donner les premiers principes de civilisation, et les instruisirent dens leur religion. Un temple, dédié à Diane, fut élevé sur les ruines de celui de Dis, et on consacra à la déesse des forêts, tous les bois des environs, où se trouvaient alors beaucoup de cerfs et de sangliers. Plusieurs volcans, dont on voit encore des traces, et les invasions des Sarrasins détruisirent le temple, incendièrent les forêts, et rendirent le pays presque entièrement désert.

Dans le douzième siècle, un certain nombre de religieux de l'ordre de saint Bruno, vinrent s'établir dans cette solitude, où ils vécurent longtemps en paix dans une félicité peu connue des

____

(1) Noyon. Stat'stique du département du Var, p. 298.

hommes avides qui troublent fréquemment la société. Mais, à la fin du dix-huitème siècle, c'est-à-dire au commencement de la Révolution française, ces pieux solitaires, menacés de la mort la plus cruelle, se sauvèrent en Italie, où ils errèrent pendant plusieurs années et moururent dans leur émigration.

Une partie de ce vaste bâtiment a été détruite; une autre, destinée aux supérieurs et aux voyageurs, existe encore. Ce lieu, si longtemps habité par des hommes pieux et hospitaliers, cette maison de prière et de charité, n'a maintenant pour habitants que des valets de ferme et des gardiens de chèvres; au lieu du son d'une cloche qui rappelait autrefois les heures de la prière, du travail et du repos, on n'entend plus que le bêlement des grands troupeaux de chèvres blanches, qui se nourrissent, là où les brebis mouraient de faim (1).

Fredole, évêque de Fréjus, et Pierre Isnard, évêque de Toulon, furent les principaux fondateurs du monastère de la Verne (2).

Les chartreux de la Verne possédaient dans le terroir de Bormes les propriétés suivantes : d'a-

(1) Garcin. Dictionnaire topographique de la Provence.
(2) Papon. Hist. de Prov., t. 1, p. 261.

près la déclaration au papier terrier, faite par la communauté le 15 janvier 1740, notaire Giraud à Hyères ;

En franchise de taille.

Une terre au quartier de Saint-Pons, de deux charges cinq panaux ; plus une autre terre au même quartier, de trois panaux ; encore une terre d'une charge six panaux, audit quartier ; plus un pré de deux panaux au quartier de Bessaret ; une terre à la Catalane, de six panaux ; une autre terre au quartier du Pont, de cinq panaux.

Biens roturiers.

Uue bergerie découverte en partie ; un verger d'arbres fruitiers et châtaigniers, au quartier de Landon, de la contenance de 3,872 cannes, et un essart au même quartier, de trois charges cinq panaux en semence (1).

Les chartreux possédaient encore dans le territoire de Bormes, comme attenances de leur seigneurie de la Verne, les propriétés suivantes :

Le domaine des Campaux, l'Ermitage, le Grand-Noyer, le Petit-Noyer, la Vieille-Tuilerie,

____

(1) Archives communales.

la Sauvette ou Matau, le Poumier, Boudoun, le Desteou, les Fontfréjes, Baou-d'Infer, Saouve-Rédoune, Curet, Barraou, etc., formant une superficie qui dépasse 2,600 hectares.

LE DOM

(TERRITOIRE DE BORMES).

Le Dom, propriété en forêts, d'une superficie de 1,996 hectares 9 ares et 86 centiares, était un tènement de la seigneurie de la Verne. Par une transaction passée, le 11 février 1225, devant M. Rostan, notaire public à Hyères, et du seigneur Reimond Béranger, comte de Provence, entre Aimond, prieur de la Verne, demandeur et défendeur au nom de ladite maison, d'une part, et Hugues de Berre, agent ou sindic établi par le seigneur de Bormes en cette cause, et par la communauté dudit Bormes, défendeur et demandeur pour chacun des hommes dudit Bormes, etc. Il est dit dans cette transaction : « Que
» les hommes de Bormes tous et uns chacun pour-
» ront depaître, cultiver et labourer, couper bois
» et chasser, se servir et jouir, et avoir usage tant
» pour eux que pour les leurs, comme il leur
» plaira et besoin sera à perpétuité dans toute

» l'étendue du tènement de ladite seigneurie ap-
» pelée le Dom, moyennant une pension ou cense
» de cinq livres de poivre et cinq livres de cumin
» payable, pour les hommes de Bormes, annuel-
» lement au jour de la Nativité de Notre-Sei-
» gnenr, etc , etc. » (1)

DÉPART DES CHARTREUX.

—

A l'époque de la Révolulion française, les chartreux de la Verne résolurent de quitter leur monastère et de partir secrètement pour Nice· Ils s'assurèrent, dans ce but, de quelques hom-mes dévoués qui se chargèrent de tenir à leur disposition un bateau sur la plage de Bormes, à trois lieues de la Verne. Le départ fut fixé à la première heure d'un vendredi, et le soin du pré-paratif fut confié au procureur du couvent, le sage et prudent dom Marbaud, qui, par un gé-néreux dévouement, se résigna à rester seul au monastère pour observer les événements ulté-rieurs. Pendant que ce Père changeait pour des vêtements de paysans l'un des deux habits que chaque religieux devait avoir d'après les règles

(1) Archives communales.

de l'ordre, et parvenait avec peine à munir le bateau de quelques chétives provisions, le vénérable prieur dom Barral allait porter dans le cloître, avec l'onction de sa douce et suave éloquence, des consolations aux plus affligés, du courage aux plus timides, et des exhortations victorieuses à ceux qui ne pouvaient se décider à s'arracher des murs de la chartreuse. Chargé d'ans et d'infirmités, le P. Jean-Baptiste seul résista longtemps à ses raisons pressantes· « Les » jours qui me restent à vivre, disait-il, valent-» ils la peine de quitter ma cellule ? Quel autre » voyage peut entreprendre un vieillard fatigué » du long voyage de la vie, et quel autre port est » pour lui plus désirable que le tombeau ? » Mais lorsqu'il vit tous ses frères bien raffermis dans leur résolution et à la veille de l'exécution, il crut lire un ordre d'en haut dans cet accord unanime, et quoique ses maux se fussent subitement accrus d'une manière alarmante par tant d'émotions si au-dessus de ses forces, il changea tout à coup de sentiment, et déclara qu'il voulait à tout prix partir le lendemain avec ses frères, etc.

On posa donc sur un brancard fait à la hâte ce corps octogénaire, qu'animait à peine un souffle de vie, et lorsque l'heure fut venue de l'office du soir, on le porta dans l'église où tous les religieux passèrent la nuit en prières.

Dès que minuit sonna, un profond silence succéda au bourdonnement cadencé de leurs voix, et dom Prieur, revêtu des habits sacerdotaux, s'avança vers l'autel comme une victime, etc. Au moment de la communion, le prêtre porta le pain des angee au vieillard ranimé à cette vue, et chacun des chartreux reçut avec l'aliment céleste cette force et ce courage dans l'adversité, etc. Enfin, lorsque le Saint Sacrifice fut consommé : « L'heure est venue, s'écria dom Barral, mes frè- » res, il faut partir. etc. En quittant vos tran- » quilles retraites, qu'aucun regret profane ne » s'attache à leurs murs périssables, et surtout » qu'aucun murmure ne s'élève en secret dans » vos cœurs contre les lois cruelles des hommes. » Auriez-vous jamais cru que rien de stable pût » exister ici-bas? pendant que les empires s'é- » croulent, que le roc en poussière tombe du » haut de la montagne dans le ravin qui en mine » le pied, etc., etc. Mais avant de sortir, à jamais » pent-être, de cette enceinte sacrée, d'où nos » prières favorablement écoutées allèrent sou- » vent fléchir l'Eternel, élevons encore une fois » nos voix vers lui, et que notre dernier vœu soit » pour notre malheureuse patrie. » Aussitôt tous

les chartreux se prosternèrent, et tous à la fois animés d'un même sentiment, firent entendre cette prière : « Grand Dieu, daigne jeter un re-
» gard de pitié sur la France désolée, et rappe-
» ler dans son sein la paix et la justice qu'en
» bannit l'ange des ténèbres ; que si nos crimes
» ont comblé la mesure de tes bontés, n'immole
» à ta juste colère que les malheureux que tu vois
» à tes pieds. »

Ils dirent ; mais cette fois leur prière impuissante ne franchit pas la voûte de la chapelle.

Alors la cloche du couvent annonça l'instant du départ. Le son n'en avait pas changé, et pourtant il fut déchirant. Dom Barral ouvrit le tabernacle, y prit en s'inclinant le vase du saint viatique, et le premier il sortit de l'église, portant devant lui ce fardeau précieux comme un flambeau qui protége nos pas dans les ténèbres, ou comme une ancre de salut pour la tempête. Les religieux le suivirent en ordre, quatre d'entre eux portant sur son brancard leur frère malade, et après avoir ainsi traversé les deux cours du couvent, ils s'arrêtèrent sous le portique qui précède la grande porte extérieure. Là, ils se dépouillèrent de leurs robes dont ils firent un lit au malade, et se déguisèrent en paysans. Dom Marbaud quitta aussi la sienne pour accompagner encore quelques instants ses frères, et revenir bientôt seul au couvent. Le prieur couvrit d'un voile le saint viatique, le plaça devant sa poitrine sous son habit grossier, mais protecteur, et bientôt dix-huit chartreux franchirent en silence la porte du monastère, abandonnés comme une légion vaincue qui, dans sa retraite, se rallie encore avec confiance autour de son aigle humilié Favorable à leurs desseins, une nuit obscure déroba bientôt la chartreuse à leurs tristes regards, et ce fut alors un spectacle bien touchant de voir, à la lueur de quelques lanternes sourdes, cette sainte troupe s'acheminer péniblement dans les bois, groupée autour d'un vieillard moribond, récitant, au son déjà lointain de la cloche qu'elle ne devait plus entendre, les prières des agonisants, haïe et repoussée des hommes, et n'ayant d'espoir que dans le Dieu qui, caché en apparence au milieu d'elle, ne se cache réellement que pour les méchants.

Elle arriva ainsi, se dirigeant vers le sud, au lieu qui servait de terme aux promenades des chartreux les jours de spaciment, et où, affranchis pour une heure de la loi austère du silence, etc. C'était là que dom Marbaud devait se séparer de ses frères ; ses adieux furent nobles et touchants, mais sans mélange de faiblesse.

Il reçut à genoux la bénédiction de dom prieur, son supérieur, et donna la sienne au vieux Père qui l'implorait avec instance, et dont les yeux mourants s'attachèrent encore sur lui pour la dernière fois, comme pour aller porter au ciel le témoignage d'un si grand courage et d'un si beau dévouement. Après ce devoir, il reprit d'un pas ferme et assuré le chemin de la chartreuse, etc. Cependant les chartreux avaient repris leur route, toujours chargés du fardeau de leur frère, s'aidant et se relevant mutuellement dans ce pieux office, et s'arrêtant souvent pour ranimer ses forces défaillantes. Parfois, recouvrant la parole, et soulevant avec effort sa tête vénérable, le vieillard attendri leur exprimait sa reconnaissance, et alors l'espoir de le sauver précipitait leurs pas et redoublait leur courage, etc. Les tristes voyageurs arrivèrent vers le tiers de leur chemin, au lieu dit le Grand-Nouguier. Là, les traits du vieillard s'enveloppèrent des ombres de la mort ; sa langue cessa de murmurer des paroles sacrées, et l'on s'aperçut à peine du mouvement pour faire signe de s'arrêter, aussitôt l'on posa à terre le lit funèbre, et pendant qu'un faible souffle décelait encore dans ce corps une étincelle de vie, dom Barral répandit sur lui l'onction sainte.

« Partez, dit-il alors, âme chrétienne, allez pa-
» raître devant votre créateur. Que la sainteté
» de votre vie fasse trouver grâce auprès de sa
» bonté suprême, et puisse mériter à vos frères
» affligés la faveur d'une mort aussi sainte que
» la vôtre. »

A ces mots, la lune perçant les nuages, le ciel
parut s'ouvrir comme pour recevoir l'âme d'un
juste, et le vieux chartreux expira.

Dès que Dieu eut retiré son souffle de ce corps
inanimé, les chartreux ne songèrent plus qu'à
l'ensevelir. Dépourvus d'instruments pour ouvrir le sein de la terre, ils creusèrent péniblement
une fosse au pied d'un vieux chêne avec leurs
mains et leurs bâtons, etc. Dès que la fosse fut
achevée, les religieux y déposèrent le corps couvert de sa robe claustrale, en récitant sur lui les
prières de l'Eglise, et un peu de terre leur suffit
pour recouvrir ce modeste tombeau. En d'autres
temps, une croix de bois eût indiqué au moins
la sépulture d'un chrétien ; mais les chartreux
n'osèrent pas la placer sur la fosse de leur frère,
de peur d'attirer sur elle les outrages et la pro-
fanation, etc. L'arbre qui protégeait sa dépouille
mourut bientôt après lui, et Dieu seul aujour-
d'hui sait le lieu qui cache ses os. Après s'être
acquittés de ces derniers devoirs, les chartreux

se hâtèrent de se diriger sur le rivage. Chargés seulement de leurs robes qu'ils portaient roulées sous leurs bras, rien ne ralentit plus leur marche, etc. Ils franchirent donc assez promptement cet espace bien long pour eux, évitant les endroits habités, craignant d'autant plus qu'ils avançaient dans un pays plus découvert, et ils arrivèrent enfin avant le jour sur la plage déserte et enfoncée de Saint-Clair, un peu à l'est du poste militaire du Lavandou. C'est là que, fidèles à leur promesse et déjà inquiets du retard des bons Pères, deux bateliers les attendaient avec une barque prête à mettre à la voile. Avant d'y entrer, les chartreux se prosternèrent sur le sable du rivage pour rendre grâce à Dieu de ce qu'il avait béni leur fuite, et implorérent son assistance contre la fureur du terrible élément, etc. Un vent favorabble les poussa bientôt loin de la côte, etc. Le soleil ne se coucha qu'une fois sur la tête des Pères qui n'avaient cessé de prier et de réciter leur office ; comme au couvent, et le lendemain matin les vit entrer sains et saufs dans le port de Nice. Aussitôt et avant de descendre à terre, ils envoyèrent un de leurs fidèles conducteurs vers l'évêque de Nice pour l'informer de leur arrivée. Ce prélat en prévint ensuite l'évêque de Fréjus, depuis quelque temps émigré de son diocèse et réfugié dans son palais, et tous deux ensemble, à la tête du clergé de la cathédrale, ils allèrent en procession recevoir sur le port cette sainte et malheureuse communauté. Les chartreux venaient de reprendre leurs robes, laissant au bateau les habits de leur déguisement, et lorsqu'ils débarquèrent, le prieur débarrassant du voile qui le couvrait le seul trésor qu'ils eussent emporté dans leur fuite, exposa le saint viatique aux regards de la foule attendrie. A cette vue, elle fut frappée de respect et d'admiration ; tous se prosternèrent, et plusieurs qui voyaient là le doigt de Dieu, se disaient entre eux : « Qu'elle » est belle cette religion, qui par le même moyen » qui ne semble destiné qu'à aplanir le chemin » de l'autre vie, procure encore d'heureux voya- » ges dans celle-ci ! »

Après avoir reçu de la bouche des deux prélats de douces et consolantes paroles, les chartreux se rendirent, accompagnés de ce noble cortége, à l'église de Sainte-Réparade, où des actions de grâces solennelles furent rendues à Dieu qui sonde les cœurs et qui signale encore sa bonté au milieu de ses rigueurs les plus redoutables. Au sortir de son temple, ils furent conduits à l'évêché, dont une aile tout entière leur fut assignée pour logement, avec une petite chapelle ;

ils y reprirent aussitôt leurs exercices religieux, et le même soir, à minuit, on entendit psalmodier l'office nocturne.

Les chartreux ne demeurèrent pas longtemps à l'évêché de Nice; on les envoya bientôt dans diverses chartreuses d'Italie, où ils moururent pour la plupart. Un seul d'entre eux rentra en France : ce fut le P. Pâris, qui est mort chanoine à Marseille en 1825.

Six mois environ après le départ de ses frères, dom Marbaud, ayant perdu pour eux toute espérance de retour, et voyant la Verne à la veille d'être vendue, passa aussi enItalie, et termina sa carrière dans une chartreuse.

LE PAVILLON.

—

La propriété du pavillon, confrontant au midi le village, était possédée en 1665 par M. Jean Peugros, curé de Bormes; plus tard, par sieur Honoré Peugros, son frère, médecin, qui la laissa par son dernier testament à dame Claire Anthelme, son épouse; en 1727, par M. Jean-François Peugros; en 1746, par Mme Marguerite Peugros, veuve de Pierre Michel, patron de tartane, qui la vendit cette même année et le pre-

mier mars à M. Jean-Martin-Michel des Bolles,
bourgeois, résident à Bormes. Notaire Bourgarel
à Hyères. Quelques années après, le Pavillon entra dans le domaine de M. Bruno-Loüis-Vincent
de l'Enfant, seigneur de Bormes. Par acte de partage du 17 février 1770, cette propriété échut à
Mme Suzane de l'Enfant, épouse de M. Esprit-
Hiacinthe-Bernard d'Albert, seigneur de Bormes.
Par acte du 21 août 1831, le Pavillon fut vendu
par les héritiers de feu Mme d'Albert à M. César-
Jean-Baptiste Bremond de Léoube. Le 7 du mois
d'août 1843, le Pavillon est encore vendu par ledit sieur de Léoube à M. Philémon Giraud et à
dame Silvie Héraud, son épouse, notaire Giraud
à Collobrières,

TABLEAU DU PAVILLON.

—

L'ambre plus pur exhale ses odeurs.
Un gazon frais couvre la terre ardente,
Et fait jaillir une moisson de fleurs
Pour nuancer sa robe verdoyante ;
Des fruits vermeils chargent le grenadier.
Sur les buissons la rose se balance,

Et l'oranger, fier de son opulence,

Mêle son or à l'or du citronnier.

La violette ici brille dans l'herbe ;

A ses côtés, sur un arbre voisin,

La vigne monte et court, vaine et superbe,

Près du cédrat suspendre son raisin.

LES CLOCHES DE BORMES.

On fait remonter au sixième siècle la fonte des cloches ; dès lors les églises furent surmontées de tourelles et de clochers.

Il était d'usage à Bormes, pour la fête de la Toussaint, de faire sonner les cloches de la paroisse et des chapelles jusqu'à minuit pour annoncer la commémoration des morts. En 1752, ce même jour, sur le minuit, quatre libertins allèrent au clocher de la paroisse. Ayant trouvé la porte fermée, ils l'enfoncèrent et chassèrent à coups de poings le pauvre sonneur ; ils mirent les trois cloches en branle et cassèrent la plus grosse. Cette cloche fut refondue par M. Bertrand Pechary et les nommés François Conil, Joseph

Roubiou (dit Joousélet), et Jean Cauvet (dit Janet), auteurs de ce délit, furent condamnés par la commune à payer les cinq sixièmes de la dépense (1).

BÉNÉDICTION DE LA NOUVELLE CLOCHE.

—

L'an 1753 et le 18 mars, à dix heures du matin et le troisième dimanche du mois, a été bénite par moi, curé soussigné, par permission de Monseigneur l'évêque, Louis-Albert Joli de Choin, la grosse cloche appelée Marie-Thérèse Sauveterre, dont la devise est : *Fulgure et tempestate libera nos Domine,* sous le consulat de MM. Joseph-Gabriel Crest, Claude Courme et Joseph Valentin, consuls, présents, et le R. P. Reinaud, minime secondaire , et le R. Père Hermite et autres.

Reinaud, M. S. ; Hermite, M. S. ;
Baude, curé (2).

D'après la loi du 22 avril 1792, la commune fut obligée, par ordre de l'autorité supérieure

(1) Archives communales.
(2) Idem. Etat civil.

d'envoyer toutes les cloches à la fonderie de Marseille ; elle ne garda que celle dite Marie-Thérèse (1).

La cloche de la chapelle de Saint-François de Paule a été baptisée le 22 février 1829. Parrain : M. Simon Sabran, propriétaire du domaine de Brégançon. Marraine : Madame Anne-Henriette-Marguerite de Gueidan, héritière de feue Madame d'Albert.

SAINT FRANÇOIS DE PAULE

—

L'histoire et la tradition rapportent, qu'en l'année 1481, le village de Bormes étant ravagé par une peste des plus désastreuses, Pierre de Grasse, seigneur du lieu, ordonna de fermer les portes pour empêcher toute communication entre les habitants de la ville et ceux de la campagne. Un jour, pendant que l'homme de garde, d'une des principales portes, était plongé dans les plus lugubres réflexions, en pensant au fléau dévastateur qui dévorait à vue d'œil la population consternée, tout à coup un homme vêtu

(1) Voir la délibération du Conseil municipal du 8 juillet 1792.

de bure, accompagné d'un jeune ermite, se présente à ses yeux. L'air vénérable du religieux, son habit grossier, le calme qui régnait sur sa figure, la douceur de son regard, et, plus encore, la suavité de ses paroles, tout frappe la sentinelle, et lui fait croire qu'elle n'est pas en présence d'un homme ordinaire. « Mon ami, lui dit le religieux,
» vous semblez bien triste ; quelque grand mal-
» heur vous a-t-il frappé ? Sans doute vous serez
» charitable, puisque vous êtes malheureux.
» Pourriez-vous, dites-moi, me donner l'hospi-
» talité pour cette nuit ainsi qu'à mon com-
» pagnon ? »

— Ah ! mon père, reprit le soldat, il faut que vous veniez de bien loin, pour ignorer que notre malheureuse cité est ravagée par le plus cruel des fléaux. La peste met la désolation dans toutes les familles. Les oiseaux du ciel épouvantés s'enfuient loin de ces murs qui ne seront bientôt plus qu'un vaste cimetière. Ah ! loin d'augmenter le nombre des victimes, fuyez au contraire, fuyez ! D'ailleurs il m'est impossible de laisser entrer personne. Ce sont là les ordres de mon seigneur et maître.

« Ami, tes paroles m'ont ému ; va dire à ton
» maître qu'un misérable pécheur lui demande
» au nom du Seigneur Dieu, la permission

» d'aller mêler ses larmes à celles de son peu-
» ple !..... »

La sentinelle, frappée de plus en plus de l'air
calme et des paroles douces de l'homme de Dieu.
se sent saisie d'un saint respect ; sans avoir la
force de rien répliquer, elle monte en toute hâte
au château, et raconte au seigneur ce qu'elle a
vu et entendu ; mais son émotion parle bien plus
que ses paroles. Pierre de Grasse, qui se sent
agité lui-même, veut éclaircir au plus tôt ce mystère. Il se rend en diligence à la porte où l'attend
le mystérieux personnage ; mais, à peine l'a-t-il
aperçu, qu'il est saisi malgré lui d'un respect
involontaire. Il tombe à genoux, et après avoir
reçu la bénédiction de l'auguste étranger : « Les
portes vous sont ouvertes. ô mon père, lui dit-il,
mais de grâce. si vous avez quelque pouvoir auprès de Dieu, oh ! arrêtez le bras courroucé du
Tout-Puissant ! Pendant ce temps, le peuple en
foule qui s'était précipité à la suite de son seigneur, faisait entendre les cris les plus déchi-
rants. François de Paule, ravi de trouver tant de
foi parmi ce bon peuple, se mit en prière, im-
plora la miséricorde de Dieu, irritée et obtint la
cessation du fléau. Il fit ensuite son entrée dans
la ville par la principale porte appelée encore
aujourd'hui Lou Portraou, et, avant de partir, il

promit pour toujours aux habitants le secours de ses prières. Depuis ce jour, la confiance des habitants de Bormes en saint François de Paule n'a fait que s'accroître. Les nombreuses marques de protection que cet illustre saint leur a données à diverses époques, lui ont acquis de la part des habitants de Bormes une reconnaissance éternelle. Ils la lui ont témoignée non seulement en élevant en son honneur une élégante chapelle, mais encore en le proclamant toujours comme leur patron dans toutes les épidémies dont ils ont été préservés (1).

LES PÉNITENTS DE BORMES.

—

L'origine des Pénitents est tout à fait inconnue, Les uns croient qu'ils prirent leur commencement l'an 1233, par les exhortations des jacobins et des cordeliers; les autres, qu'ils furent insti-

(1) François Joachim Pavés, minime. Triomphe de la dévotion des treize vendredis en l'honneur de saint François de Paule. — Garcin. Dictionnaire historique de la Provence, t· I, p. 162. — Honoré Bouche. Hist. de Provence, t. I, p. 340. — Le Bret. Mémoire concernant le pays et gouvernement de Provence, p. 254. — Dictionnaire géographique par Achrrd, 1787, etc., etc.

tués à Pérouse vers l'an 1253 par un ermite de sainte vie ; enfin, il s'en trouve qui assurent qu'ils prirent naissance en Hongrie en l'an 1340, et que de là ils se répandirent presque dans toutes les villes d'Italie ; peu après cela, il en parut à Marseille ; les jacobins leur permirent, l'an 1370, de bâtir tout contre de leur église nne chapelle, etc. etc. (1)

La confrérie des Pénitents blancs de Saint-Sébastien, qui est aujourd'hui celle de Saint-François de Paule, commença en 1575 d'après les lettres-patentes du roi du 4 juin 1575 (2).

TRANSLATION

De la Confrérie des Pénitents blancs de St-Sébastien à la chapelle St-François de Paule.

—

L'an 1653, et le vingtième jour d'avril, le conseil général de ce lieu de Bormes s'est assemblé par devant M. Antoine Pouverin, viguier, auquel conseil ont assisté sieurs Antoine Crest, notaire, Claude Brun, et Antoine Valentin, consuls ;

(1) Antoine Ruffi. Hist. de Marseille, 2e édit liv. X. — Soirées provençales, t. I, p. 175.
(2) Archives de la Confrérie.

Charles Montanard, Thomas Berre, Guillem Amic, Pierre Fabre, Guillaume Passeran, François Calvet, Jean Jauzat, conseillers; François Roustan, Jean Calvet d'Etienne, Joseph Brunet, bourgeois; Jean Masse, Jacques Dragon, Antoine Bar.arié, Barthélemy Passeran, Pierre Jauzat, André Blin, Antoine Calvet, Antoine Mouton, Jean Roubiou, Jean Bas, Pierre Berny, Louis Rainaud-Garroutoun, Jacques Michel, Antoine Ricard, Jean Jauzat, Joseph Michel, Pierre Rouvier et André Touze.

A été proposé par Pierre Berny, prieur, et André Blin, sous-prieur de la chapelle des frères Pénitents, fondée sur St-Sébastien comme appert par ses lettres-patentes du 4 juin 1575, requérant au présent conseil de leur vouloir permettre de s'en aller remettre à la chapelle de St-François de Paule pour y faire leur demeure, attendu que dans la chapelle où ils sont à présent de Saint-Sébastien, ils ne pourraient y demeurer à cause qu'elle est trop petite, plairant donc au présent conseil de délibérer qu'il nous soit permis d'y aller faire notre demeure.

Ledit conseil a délibéré que lesdits frères pénitents auront habitation à la chapelle St-François de Paule, lesquels se logeront, de l'avis des sieurs consuls, de façon qui puisse convenir,

et ainsi que dessus a été délibéré par le présent
conseil soussigné :

POUVERIN, viguier ; CREST ; consul ;
MONTANARD, BRUNET , BLIN ,
PASSERAN , ROUSTAN , MICHEL ,
MASSE, PEUGROS, et moi JAUZAT,
notaire, greffier à l'original.

PRIEURS, SOUS-PRIEURS ET TRESORIERS

DE LA CONFRÉRIE.

—

1641. François Peugros P.,'Jacques Senglar S.

1653. Pierre Berny, P., André Blin, S.

1659. Jean Jauzat, P., Jacques Dragon, S.,
André Blin, T.

1719. Olivier, Jean-Pierre, P., Joseph Montanard, S., Bouconi, T.

1720. Augier, François, T.

1721. Olivier, T.

1722. Jean Fort, T.

1723. Jean Fort, P., François Hémerig, T.

1724. Louis Cauvet, P., Crest, S., Joseph Ricard, T.

1725. Cauvet, P., François Augier, T.

1726. Audibert, P., Jauvat, S., Jean-Pierre
Olivier, T.

1727. Jauvat, P·, Crest, S., Louis Cauvet, T.

1928. Monier, P., Guillaume Marquési, T.

1729. Marquési, P., Berre, S.

1730. Berre, P., Montanard, S., Charles Audibert, T.

1731. Olivier, P., Jean Fort, T.

1732. Monier P., Jean-Pierre Olivier, T.

1733. Charles Audibert, P., Joseph Valentin, T,

1734. Marquési, P., François Hémerig, T.

1735. Olivier, P., Montanard Laurent, S., Monier, T·

1736. Berre, P., Antoine Barbarié, S., Guillaume Marquési, T.

1737. Jauvat, P., Olivier, T.

1738. Barbarié, P., Jauvat, S., Laurent Monier, T.

1739· Charles Audibert, P., Honnoraty, S., Jean-Pierre Olivier, T.

1740. Fabre, P., Monier. S., Barbarié, T.

1741· Honnoraty, P., Senglar, S., Joseph Cauvet, T.

1742. Monier, P., Courme, S., Jean-Pierre Olivier, T.

1744. Guillaume Marquési, T.

1753. Honnoraty. P., Senglar, S., Jauvat, T.

1754. Jauvat, P., Jean-Louis Cauvet, S., Jean
Senglar, T.
1755. Gaspard Courme, P., Barbarié, S., Jean
François Jauvat, T.
1758. Berny, P., François Brunet, S.
1762. Antoine Turrel, P., Brunet, S.. Antoine Crest, T.
1765. Louis Marquési, P., Joseph Cauvet, S.,
Jean-François Jauvat, T.
1767. Jean-Baptiste Giraud, T.
1769. Joseph Courme, P., François Jauvat,
S., Antoine Crest. T.
1770. Jean-Baptiste Giraud, P., Crest, S.,
Eustache Jauvat, T.
1771. Félix Dragon, T.
1773. Antoine Crest, T.
1774. Jauvat, P., Antoine Crest, T.
1775. Vincent Dragon, P., André Crest, T.
1777. Crest, P.
1781. Hippolyte Giraud, P., Louis–Jean–
Baptiste Long, T.
1783. Jean-Louis Rouvier, P.
1784. Jean–Joseph Courme, P., Antoine
Crest, S., Melchior Tribouiller, T.
1785. Lazare Maure, P., Hippolyte Giraud,
S.; Courme, T.

1786. Pierre-Joseph Dol, P., Jean-François Dol, S., Alexandre Martel, T.

1787. André Maure, P., Lazare Maure, S., Antoine Crest, T.

1788. Jean-Baptiste Dol, P., Pierre Dol, S., Hippolyte Monier, T.

1789. Alexandre Martel, P., Etienne Courme, S., Jean-Joseph Courme, T.

1790. Joseph-François Dol, P., Louis-Benjamin Giraud S., Louis Béraud, T.

1791. François Bouisson, P., Antoine Crest, S., Jean-Baptiste Giraud, T.

1792. Vincent Dragon, P., Alexandre Martel, S., Louis-Benjamin Giraud, T.

En 1792, la confrérie fut dissoute par ordre du gouvernement, et la chapelle fut vendue au sieur Maurice Courme.

En 1828, le 15 mai, ledit sieur Courme fait donation de ladite chapelle à la fabrique de l'é glise de Bormes, acte reçu par M. Honnoraty, notaire dudit lieu. Cette donation fut reconnue et approuvée par ordonnance royale du 20 septembre de la même année, et l'ancienne confrérie fut réorganisée de nouveau.

1828 et 1829. François Augier, P., Alexandre Brunet, S., Joseph Pelegrin, T.

1830. François Augier, P., Donat Meinard,
S., Joseph Pelegrin, T.

1831. Marc-Etienne Courme, P., Louis-Benjamin Giraud, S., Joseph Pelegrin, T.

1832. Marc-Etienne Courme, P., Donat Meinard, S., François Augier, T·

1833. Simon Masse, P., Benjamin Vigourel, S., François Augier, T.

1834. Alexandre Brunet, P., Donat Brunet, S., François Augier, T.

1835. Benjamin Vigourel, P., Donat Meinard, S., François Augier, T.

1836. Philémon Giraud, P., Louis Giraud, S., François Augier, T.

J837. Philémon Giraud, P., Louis Giraud, S., Benjamin Vigourel, T.

1838. Donat Meinard, P., François Augier, S., André Ricard, T.

1839. Victor Mordeille, P., Philémon Giraud, S.. Amédée Courme, T.

1840. François Augier, P., Benjamin Vigourel, S., Donat Meinard, T.

1841. Joseph Marin, P., Louis Jauvat, S., Philémon Giraud, T.

1842. Joseph Cauvet, P., Louis Giraud, S., Philémon Giraud, T.

1843. Joseph Cauvet, P., Louis Giraud, S.,
Trophime Jauvat, T.

1844 et 4845. Etienne Garibaldy, P., Charles
Turrel, S., Jean-François Jauvat, T.

1846 et 1847. Charles Turrel, P., Marie Riquier, fils, S., Zénon Fabre, T.

1848 et 1849. Etienne Garibaldy, P., Benjamin Vigourel, S., Stanislas Cauvet, T.

1850. Riquier Marie fils, P., Benjamin Vigourel. S., Charles Turrel, T.

1851. Joseph Cauvet, P., François Augier,
S., Charles Turrel, T.

4852. Jean-Jacques Giraudin, P., S. et T. id.

De 1853 à 1857. Jean-Jacques Giraudin, P.
Louis Jauvat, S., Riquier Marie, T.

STATUE DE SAINT-FRANÇOIS DE PAULE.

—

La statue de saint François de Paule que nous
avons à la chapelle, fut achetée à Marseille en
1791, par le R. P. Jauvat, minime de Bormes,
pour le prix de 75 fr. Elle arriva à Bormes le 20
avril de la même année; la confrérie des pénitents fut la prendre processionnellement à l'entrée du village avec tout le clergé, la municipalité et un concours géneral des habitants de

Bormes. Il y a aù piédestal de la statue des reliques de saint François de Paule (1).

La chapelle de St-François de Paule possédait avant la Révolution de 1789 de nombreuses propriétés qui la mettaient à même de pouvoir entretenir un aumônier (2).

SAINT-CLAIR.

—

Cet ancien ermitage, que nous pouvons encore reconnaître par les numéros 1223 et 1224 de la section E, cinquième feuille du plan cadastral, situé à l'entrée de la vallée charmante qui porte ce nom, à un quart d'heure du Lavandou, bâti en 1668 sur l'emplacement même d'une ancienne chapelle dédiée au même saint. Elle coûta 960 livres. Maçon entrepreneur : Claude Grisole (3).

Nous pouvons dire que cette chapelle a fait longtemps la joie et les délices des habitants de Bormes et des environs par le gracieux romérage

(1) Voir la délibération du 22 mai 1791, Archives de la confrérie, la lettre du R. P. Jauvat du 4 avril 1791, et l'authentique des reliques dans les mêmes archives.

(2) Voir toutes ces propriétés dans les vieux cadastres de la commune.

(5) Voir l'acte d'adjudication du 22 mai 1668, notaire François Montanard à Bormes.

que l'on y célébrait chaque année le lendemain de la Pentecôte. Pourquoi faut-il que la plus froide indifférence ait succédé à l'antique enthousiasme populaire.

Aux termes du décret du 10 octobre 1789, la chapelle de Saint-Clair fut déclarée propriété nationale. Depuis lors que de vicissitudes ! Le gouvernement la vendit d'abord à M. Maurice Courme, propriétaire à Bormes ; celui-ci la légua, par son dernier testament, à dame Geneviève Turrel, son épouse, qui la vendit ensuite à M. Bruno Turrel, son frère. Enfin, par acte du 24 avril 1853, notaire Honnoraty à Bormes, elle passa sous le domaine de Mme Marie Roubeuf, veuve Courme. Pauvre St-Clair sera-ce au moins là votre dernier déménagement ?

LES PRIEURS DE SAINT-CLAIR.

—

Les prieurs de St-Clair étaient nommés chaque année par le conseil municipal. Nous allons faire connaître ceux dont nous avons pu trouver encore les noms dans les archives de cette chapelle, déposés à la maison commune de Bormes.

1736. Rafeau.

1746. Meissonnier Joseph, Barberin Joseph-François.

1751. Montanard.

1759. Montanard.

1775. Montanard.

1776. Montanard, Honnoraty.

1781. Montanard, Jean-François ; Honnoraty, Joseph.

1782. Brunet, Joseph ; Maure, Lazare ; Thomas Bousquet

1785. Dragon, Jacques-Félix ; Berny, Joseph ; Bousquet, Jean.

1785. Brunet ; Berny, Claude ; Bouisson.

1786. Dragon, Courme, Berny.

1787. Brunet, Joseph ; Berny, Claude ; Blanc, Elzéar.

1788. Augier, Montanard, Berny.

1789. Maure, Lazare ; Brunet, Joseph ; Roubiou, Pierre.

1791. Richard.

1792. Monier, Bruno ; Roux, Jean-Jacques ; Brest, Antoine.

ERMITES DE SAINT-CLAIR

DÉCÉDÉS A BORMES DEPUIS 1695.

—

Antoine Valentin, décédé le 29 décembre 1718, âgé de 80 ans

Pierre Reinier, décédé le 30 septembre 1735, âgé de 65 ans.

Jacques Engalier, décédé le 28 novembre 1741, âgé de 78 ans.

Louis Bausset, décédé le 18 décembre 1746, âgé de 77 ans.

Trophime Valentin, décédé le 21 avril 1757. âgé de 55 ans.

Joseph Montanard, décédé le 22 septembre 1759, âgé de 26 ans.

Jean-Baptiste Jauvat, décédé le 20 octobre 1763, âgé de 80 ans.

Joseph Brest, décédé le 18 octobre 1787, âgé de 60 ans.

LE SAINT-ESPRIT.

—

La chapelle du Saint-Esprit que nous pouvons encore reconnaître par le numéro 803 de la section E, quatrième feuille du plan cadastral. Nous en ignorons la fondation ; nous trouvons seulement dans un vieux cadastre de la commune, page 84, la note suivante :

« Maison hors la ville avec une chapelle joi- » gnant, dédiée en l'honneur du St-Esprit. »

En 1750, à l'occasion du passage des troupes à

Bormes, la chapelle du St-Esprit fut abandonnée pour servir de magasin. Les habitants s'en plaignirent aux consuls, et la chapelle, par le zèle de ces magistrats, fut réparée et bénite de nouveau en 1751.

La chapelle du Saint-Esprit avait, dans le territoire de Bormes, plusieurs propriétés (1).

Cette chapelle fut vendue à l'époque de la Révolution de 1789, par le gouvernement, au sieur Elzéar Blanc, et elle fut, par ce propriétaire ou par son fils, sieur Alexandre Blanc, changée en un moulin à huile.

NOTRE-DAME-DE-BORMES
(DITE NOTRE – DAME – DE – CONSTANCE).

—

La chapelle de Notre-Dame-de-Bormes, désignée au plan cadastral par le numéro 262 de la section B. Par défaut d'archives, nous en ignorons la fondation.

CHAPELLENIE DE SURLE
(APPELÉE AUJOURD'HUI SURLE).

—

La tradition nous apprend que Surle est un

(1) Voir aux cadastres de la commune.

diminutif de Ursule, et que dans le quartier qui porte encore le nom de Surle, il y eut autrefois un couvent de filles de l'ordre de Sainte-Ursule. On peut voir dans les anciens papiers terriers de la commune, toutes les propriétés que ce couvent possédait.

Nous voyons dans une charte ou titre de confirmation des biens du monastère de la Celle, près Brignoles, de 1057, citée par M. A. Denis dans ses *Promenades pittoresques à Hyères*, p. 11, ce qui suit :

Notum sit omnibus hominibus presentibus et futuris, quod ego Ildefonsus Dei gratia rex Aragonum, comes Barchinonensis, Corcicæ, Ilerdæ que Marchio et provinciæ dux, dono, laudo et concedo, ob remedium animæ meæ, et parentum meorum, etc., ecclesiam sancti Michaelis de Areis, et Sancti Benedicti, et Sancti Georgii de Bormetta, et quidquid possident in villa de Borma Sanctæ Moniales (1).

TRADUCTION.

Nous faisons savoir à tous présents et futurs, que moi Ildephonse, par la grâce de Dieu roi d'Aragon, comte de Barcelone, de Corse, de Lé-

____

(1) Archives d'Aix. Registre Salamendre, folio 259.

rida et de la Manche, et duc de Provence, je donne, livre et concède pour l'intérêt de mon âme, celle de mes parents, etc., l'église de Saint-Michel d'Hyères, de Saint-Benoît et de Saint-George de Bormette, et tout ce que les saintes religieuses possèdent dans la ville de Bormes.

SAINT-BRUNO.

La chapelle de St-Bruno, désignée au plan cadastral par le numéro 204, section A. Nous ignorons non-seulement l'époque de sa fondation, mais aussi le temps où l'on y célébrait encore la messe.

SAINT-PONS.

La chapelle de Saint-Pons, que uous reconnaissons encore par le numéro 865 de la section E, troisième feuille du plan cadastral. Nous en ignorons la fondation. La tradition nous apprend cependant, qu'elle est un précieux reste de l'ancien village de Bormes, abandonné dans le courant du neuvième siècle, à cause des invasions fréquentes des Sarrasins. En pratiquant des fouilles aux alentours de cette chapelle, plusieurs propriétaires ont trouvé en grande quantité des ossements humains, des tombeaux, et plusieurs autres objets qui semblent ne pas laisser de doute sur l'origine de notre village. En 1691, on célébrait encore la messe dans cette chapelle (1).

En 1734, M. de Lhéraul, seigneur de Bormes, fit demander au conseil municipal, par M. Gaspard Pouverin, viguier, la chapelle de Saint-Pons. Le conseil la lui accorda, et le seigneur l'ayant fait démolir presque en entier, se servit de ses pierres pour en construire la Grand'Bastide (2).

SAINT-LAZARE.

—

Vers le septième siècle, la lèpre (3) fut connue en Provence. Cette maladie fit les plus grands

(1) Voir un acte du 25 avril 1691, notaire Jacques Ricard à Bormes.

(2) Voir la délibération du conseil municipal du 21 février 1734 et celle du 30 juillet 1741.

(3) Cette maladie, après avoir fait tomber les poils du corps, le couvrait de pustule et d'une croûte qui formait une écaille universelle sillonnée par des gerçures. Le malheureux qui en était attaqué, présentait un aspect si hideux qu'ou le séparait de la société.

(Papon. Hist. de Prov., t. II, p. 70.)

ravages. Marseille fit un règlement au sujet des lépreux. Il leur était défendu de rester dans la ville plus de quinze jours avant Pâques, et plus de huit jours avant la Noël. Les progrès de cette maladie furent arrêtés jusqu'au temps des croisades, en 1225, époque à laquelle les croisés la rapportèrent. On établit alors en Provence des Maladreries (espèce d'hospice), sous le nom de Saint-Lazare (1).

Une lettre du roi René, du 10 juillet 1439, folio 182, reg. n° 3, armoire O. Cotée, jugemage, portant permission à la communauté de Bormes de bâtir une maison pour les lépreux sur le chemin public qui y est proche dudit lieu, et de se servir de l'eau d'un puits qui y est situé.

SAINT-SÉBASTIEN.

—

La chapelle de Saint-Sébastien, désignée au plan cadastral par les numéros 228 et 229 de la section A. Nous ne connaissons pas l'époque de sa fondation; mais nous savons positivement que l'on y disait encore la messe en 1722. Nons voyons dans une délibération du conseil munici-

(1) Nostradamus. Hist. de Prov., p. 1062.

cipal du 7 avril 1728, que chaque année, au jour
de la fête du saint, les prieurs étaient renouvelés
et choisis par la commune ; que la municipalité
était invitée par les prieurs pour assister à la
grand'messe et à la procession ; que les nouveaux prieurs étaient annoncés au public par
le prêtre célébrant, et que, le soir de la fête,
Messieurs les consuls, viguier, et autres officiers de la commune se rendaient au son du
fifre et du tambour chez les nouveaux prieurs
pour leur présenter les flambeaux des prieurs,
sortant en signe d'installation (1).

Nous voyons encore dans une délibération du
même conseil du 31 décembre 1732, que cette
chapelle étant ruinée, ses tuiles furent employées
à réparer les toitures de l'église et du presbytère.
Dans une autre, du 5 octobre 1749, nous voyons
que le portail adossé à la chapelle allait tomber
en ruines, qu'il fut démoli et rebâti à même époque, et on y plaça les armoiries du village. Ce
portail, en très-bon état, fut enfin détruit le 8
décembre 1851, par les ordres du maire de cette
époque.

(1) Voir la délibéraoion du conseil municipal du 7 avril
1722.

SAINT-ANDRÉ.

—

La chapelle de Saint-André fut fondée l'an 1665 par M. Antoine Pouverin. Par son dernier testament, ledit sieur Pouverin laissa une somme annuelle et perpétuelle de 115 livres pour le service de ladite chapelle. Ainsi, à chaque année, le clergé de la paroisse était chargé d'aller chanter les premières et secondes vêpres, ainsi que la grand'messe au jour de la fête (1).

Cette chapelle fut érigée en salle d'école en 1846, et, depuis, on a cessé d'y célébrer les offices.

CIMETIÈRE DE BORMES.

—

L'ancien cimetière de Bormes, appelé aujourd'hui le Champ-de-Repos désigné au plan cadastral par le numéro six de la section A, fut remplacé le 2 février 1775 par le nouveau cimetière désigné au même plan par le numéro 786 de la section E.

(1) Voir la délibération du conseil communal du 12 août 1725,

BÉNÉDICTION DU NOUVEAU CIMETIÈRE.

—

L'an 1775 et le 2 février, après avoir été commis de Monseigneur l'illustrissime et révérendissime de Lascasc, évêque de Toulon, j'ai béni après dix heures du matin, d'abord après la bénédiction des cierges, immédiatement avant la grand'messe, le nouveau cimetière avec les cérémonies prescrites par le rituel du diocèse, accompagné de M. Etienne Muraire, secondaire, de Messieurs les magistrats, savoir : M. Félix Dragon, viguier ; de M. Joseph Honnoraty, maire, consul ; du sieur Antoine Augier, deuxième consul, et de l'Ange Crest, troisième consul, et de tous les apparents du lieu, et suivi d'une très grande foule de peuple. En foi de quoi j'ai signé :

⸱ Baude, curé.

Ce cimetière fut élargi du côté est en 1838 sous la direction deM. Montanard, maire (1).

(1) Les cimetières de Brégançon et de la Verne dépendaient de la paroisse de Bormes.

MEDECINS, CHIRURGIENS ET OFFICIERS DE SANTE.

—

1615. Antoine Riboty.

1617. François de Lorme.

1620. Paul Fresquière.

1648. Thomas Senglar.

1654. François Peugros.

1657. Antoine Michel.

1662· Antoine Chaudel et Honoré Phignon.

1664. François Ricard.

1664. Louis Hemerig et Jean Liet dit la Verrière.

4665. Etienne Montanarg.

1673. Honoré Peugros et Jean Phignon.

1679. Honoré de Lorme et Etienne Michel.

1690. Gaspard Jauzat, Joseph Minuty, Antoine Blanc et Jacques Senglar.

1700. Honoré Dragon, Joseph Hemerig et Jean Blanc.

1708. Nicolas Michel.

1720. Joseph Honnoraty.

1740. Joseph Montanard et François-Antoine Jauvat.

1780. J.-F.-Bruno Jauvat et J.-B. Montanard.

1786. Elzéar Reinouard.
1790. Gaspard-Bruno Courme.
1800. Joseph-Guillaume Faissole.
1804. Antoine Laugier.
1820. Louis-J.-B. Montanard.
1840. Edouard Faissole.
1850. Hippolyte Reynaud, docteur en médecine.
1856. Meissonnier.
1859. Robert Michel, docteur en médecine.

PHARMACIENS.

1697. Prançois Honoraty.
1700. Jacques Pouverin.
1716. Joseph Fabre.
1840. Arsènc Honnoraty.

INSTITUTEURS.

1641. Cogne.
1659. Jacques Cote et Nicolas Misureur.
1672. Jacques Borel et Aliot.
1682. Thomas Montanard.
1698. Joseph Hémerig.

1700. J.-B. Martin.

1708. Bausset.

1720. Honoré Pouverin.

1730. Louis Hémerig.

1745. Paul Tesquieu.

1780. Nicolas Honnoraty.

An XII de la République. Hippolyte Giraud, breveté.

An XIII. Joseph Bouverot et Alexandre Martel, breveté.

An XI. Jean-Louis Rouvier.

1808. Bruno Villeneuve, breveté.

1810. De Picousin, breveté.

1812. Pradon, id.

1820. Bruno Aubet, id.

1828. Alphonse Dol, id.

1845. Boyer, id.

1847. Alexandre Maurel, breveté.

1853. Alexandre Viau, id.

1854. Philippe Stuerga, id.

INSTITUTRICES.

—

1710. La sœur Auberte et Claire Mourdeille.

1730. Claire Marquési et Thérèse Montanard.

1770. Françoise Hémerig.

An X de la République. Dame Bouvier.

An XI. Virginie Montanard, épouse Jauvat, brevetée.

1800. Dame Establié et la sœur Rossoline.

1889. Thérèse Lambert.

. . . . . Rose Michel.

1812. Pélagie Mouton, épouse Reynaud.

1812. Dame Claire, veuve Bernie.

1818. Demoiselles Paule Féraud, Paule Augier, et dame Adelaïde Riquier.

1825. Dame Emilie Courme, épouse Samat.

1835. Demoiselle Victorine Augier.

1840. Dame Adèle Parian, épouse Maurin, demoiselle Claire Berny.

1840· Demoiselle Bernardine Castagne.

1845. Demoiselle Nirginie Bourrely.

1850. Demoiselle Julie Truc, brevetée.

1854. Demoiselle Cassin, Mathilde, brevetée.

1856. Demoiselle Louise Giraud élève de l'école normale d'Aix, brevetée le 14 août 1855.

SUPPLÉMENT.

1.

Pierre de Grasse, seigneur de Bormes, est sur la liste des barons et gentilshommes des états en 1480 (1).

2.

Un Gauffrid de Bormes se trouva présent lors de l'inféodation du lieu d'Esguière par Raymond Bérenguier X, comte de Provence, à Pierre Augier, gentilhomme de sa cour en 1216 (2).

3.

En l'année 1368, à la suite des troubles suscités par Louis, duc d'Anjou, fils de Louis, roi de France, les seigneurs de Cuers et de Bormes, et autres personnes qualifiées au nombre de 40 furent faits prisonniers (3).

(1) Nostradamus. Hist. de Prov., p. 687.
(2) Nostradamus. Hist. de Prov., p. 176.
(3) Ruffi. Hist. de Marseille, 2e édit., p. 204.

4.

Une Isabeau de Grasse, des seigneurs de Bormes, épousa Jean de la Tour, fils des seigneurs de Cogolin (1).

5.

La maison de Grasse Bar se disait Grasse Bormes, et les seigneurs de Bormes de cette maison se signaient : Bormes. Les seigneurs de Bormes de la maison de Marignane se signaient aussi : Bormes (2).

6.

Bertrand de Bormes était un très-excellent poète en 1340 (3).

7.

Le 30 octobre 1854, à deux heures du matin, tremblement de terre général sur toute la côte de Provence.

(1) L'abbé R. D. B... L'état de la Provence, t. III, p. 254.
(2) Nobiliaire de Provence, t.   p. 550.
(3) Notradamus. Hist. de Provence, p. 564.

8.

M. le marquis de Polmy, ministre de la guerre,
passa à Bormes en 1753

9.

Par délibération du ... juin 1755, la commune acheta de dame Thérèse Marrot, veuve de
sieur Jean Bonnefoy, fermier de Piquet, pour le
prix de 2,700 francs, la maison servant aujour-
d'hui de presbytère.

10.

Le curé de Bormes possédait en franchise de
taille la maison et les biens dépendants de la cure:
1° la maison claustrale que la commune a fait
bâtir suivant l'arrêt du conseil ; 2° plus une terre
bladale au quartier de Gengili, de la contenance
de 9 panaux ; 3° autre terre au quartier de la Catalane, de 2 panaux ; 4° autre terre au quartier
du Mourier, d'une panal (1).

11.

Le 19 décembre 1790, avant la grand'messe,
et dans l'église, en présence des officiers municipaux, du peuple et du clergé, M. André-Joseph

(1) Déclaration au papier terrier de 1740.

Sénès, curé de cette paroisse, prêta le serment prescrit par le décret des 12 et 24 juillet 1790 :

« Je jure de veiller avec soin sur les fidèles » de la paroisse qui m'est confiée, d'être fidèle » à la nation, à la loi et au roi, et de maintenir » de tout mon pouvoir la Constitution décrétée » par l'Assemblée nationale et acceptée par le » roi. »

Le 23 janvier 1791, Messire Joseph Giraud, vicaire de la paroisse, et M. Laurent d'Aubernon, aumônier des frères pénitents, prêtèrent le même serment, et en la même présence que dessus.

12.

En 1720, à l'occasion de la peste de Marseille, Bormes fut barricadé. On n'entrait dans le village que par le portail St-Sébastien.

13.

1196. Hommage d'Amelin de Fos, de Bormes et de son territoire. 13me pièce, liasse cotée 4, 217me carré, armoire 2.

—

1246. On voit au folio 68, reg. n° 15, arm. C, que le roy avoit à Bormes la majeure directe.

l'albergue que le chapitre de Toulon per-
çoit suivant son privilége, la cavalcade et les
quisses.

14.

1257. Hommage de la terre de Bormes par
l'archevêque d'Aix. Page 56, regist. 9. arm. N'
Des hommages.

15.

Depuis le folio 443 jusqu'au 450° du registre
Pacis, il y a plusieurs titres qui concernent les
terres de Bormes et Hyères, et entre autres, au
folio 448, la donation faite par le sénéchal de
Provence à Roger de Fos de la terre de Bormes,
qui avoit été de l'archevêque d'Aix, et les titres
concernant la juridiction dudit Bormes, et l'é-
change que firent les seigneurs d'Yères de ce
qu'ils avoient au dit Yères en faveur de Sa Majesté.

16.

1441. La reyne Yolande donne à Bertrand
de Grasse la terre de Bormes, que la cour royale
prétendait par droit de..... par la mort sans
enfants des seigneurs de Fos. Folio 160, registre
Rosa.

17.

23 mars 1537. Dénombrement de Bormes, Moans, Sartoy, par Renaud de Grasse. Fol. 100, verso reg. 23 et fol. 177, reg. 26.

18.

12 juin 1635. Arm. N, Des dénombrements. Procès-verbal sur les biens de la communauté de Bormes. Pièce 33, reg. 1.

19.

Dénombrement de la baronnie de Bormes, où il est exprimé tous les arriéres fiefs, dépendants de ladite baronnie, comme Bormette, la Verne, Benat. Fol. 64, reg. 55, arm. P, coté Aix. Marseille, Tarascon, ledit dénombrement enregistré en suite du jugement des commissaires du domaine, 28 septembre 1668.

20.

1er avril 1196. Hommage prêté par Amiel de Fos de la terre de Bormes et son terroir. Registre H, arm. N, Des Hommages, aux archives du roy à Aix.

21.

Aux archives du roy, à Aix, il y a deux hommages prêtés à Charles II par Mgr l'archevêque d'Aix de la terre de Bormes, au mois de mars 1257. Folio 56, registre 9, arm. des hommages.

22.

Au reg. Pacis, arm. A, aux mêmes archives, au folio 452, en l'an 1257, il y a une donation par échange à Roger de Fos de la terre de Bormes qui appartenait à l'archevêque et à son chapitre, et Rostang, chanoine et archiprêtre, y ayant consenti.

23.

Aux dites archives, il y a une enquête faite par le juge d'Yères sur le droit de ramage du terroir de la Verne, de laquelle il paroît que icelui appartenoit à Guillaume de Fos comme seigneur de Bormes, en suite de l'échange fait entre Roger de Fos, son père, et le comte de Provence, et qu'il l'avoit perçu de tous temps, et qu'avant lui et les receveurs du roy, au mois de février 1269.

24.

Aux mêmes archives, il y a deux hommages rendus par le prieur de la Verne à Rossolin de Fos, seigneur de Bormes, du terroir appartenant audit monastère, le 16 mai 1281, et le deuxième le 3 septembre 1418. Registre P, arm. N, Des hommages.

25.

Donation faite par Rossolin de Fos, seigneur de Bormes, au monastère Saint-Pierre d'Yères, d'une pension de 12 liv., 31 décembre 1413. Archives d'Aix.

26.

16 mars 1281. Hommage rendu par le prieur de la Verne, à noble Rossolin de Fos, seigneur de Bormes, du terroir dudit monastère. Cour des comptes, liasse LB, carré 17, charte 30, Arch. de la préfecture de Marseille. La charte est passée à Bormes. *Infra turrum claustro in camera domini episcopi tolonensi testi dominus Reymundus domini Reymundus Rostacii, etc.* (Nom du prieur) :

Reymundus Oliverius, prior domus la Verne.

27.

FONTAINES (1).

—

Le 31 décembre 1857, la dame Marie-Foitunée Chauvin, épouse de M. Joseph-Laurent Audibert, vend à la commune les eaux se trouvant dans sa propriété, située dans le quartier de Baguier, terroir de cette commune, moyennant le prix de 700 fr.

28.

LÉOUBE.

—

Déclaration portant hommage au roi de la terre de Léoube, faite par le sieur Jean Bremond, qualifié seigneur de Léoube, le 12 avril 1766, devant la Cour des comptes, aides et finances.

—

18 novembre 1766. Lettres-patentes du roi, portant don, en faveur de sieur Bremond, du droit de prélation sur la terre de Léoube, près celle de Brégançon.

(1) Voir page 109.

29.

LE LAVANDOU.

—

Hameau situé dans le territoire de Bormes et au bord de la mer. Le mouillage du Lavandou est très-fréquenté par les pêcheurs. Il sert aussi de refuge aux navires du commerce de deux à trois mètres de tirant d'eau. Le nombre des bateaux employés à la pêche est de 25 à 30 (en 1855). Il y a dans le hameau plusieurs conserves de sardines. Population : 409 habitants, d'après la circonscription ci-après.

En 1855, par le moyen d'une souscription. entre autres M. Louis Pélissier, curé de Bormes, affecte de ses propres deniers une somme de 10,000 fr. pour l'édification d'une église et du presbytère au hameau du Lavandou.

—

Le 25 août 1855. Bénédiction de la première pierre de l'église du Lavandou par M. Pélissier, curé de Bormes.

—

Le 4 janvier 1857. Le conseil de fabrique de l'église paroissiale de Bormes délibère à l'unanimité qu'il y a nécessité d'ériger en succursale l'église du hameau du Lavandou, à cause de l'importance de ce quartier.

—

Le 1ᵉʳ février 1857, le conseil municipal de la commune de Bormes délibère qu'il est juste et nécessaire que la chapelle du Lavandou soit érigée en succursale avec la circonscription territoriale suivante : Superficie 13,001 hectares 24 ares et 59 centiares, comprenant les quartiers du Lavandou, Saint-Clair, la Faussette, Aigue-Belle, la Rouvière, Cavalière, Capnègre et Pré-Mousquier. Ladite circonscription ayant pour limites et confronts : à l'ouest, le ruisseau des Hilaires ; au nord, les quartiers de la Colle et Sauvaire ; à l'est, le territoire de la commune de la Molle ; et au sud, le rivage de la mer.

—

Le 2 février 1859, l'église du Lavandou est érigée en église paroissiale et succursale par Mgr Jordani, Henri, évêque de Fréjus et de Toulon, lui donnant pour titulaire et vocable saint Louis, roi de France.

—

Le 5 février 1859, décret impérial qui érige en succursale l'église du Lavandou, section de la commune de Bormes.

Le 24 février, bénédiction de l'église paroissiale du Lavandou par M. Louis Pélissier, curé de Bormes.

—

Le 27 mars, jour de dimanche, installation de M. Pourchier, recteur du Lavandou, faite par ledit sieur, curé de Bormes.

30.
ÉTAT DU NOMBRE DES PATENTÉS A BORMES
1859.

—

Bouchonniers, 19. Perruquiers, 4. Marchands de Comestibles, 1. Aubergistes, 5. Boulangers, 5. Maîtres maçons, 4. Cabaretiers, 9. Marchands de poissons, 3. Bouchers, 2. Presseurs de poissons, 2. Voituriers, 8. Epiciers, 4. Regrattiers, 8. Nourrisseurs de chèvres. 2. Meuniers à farine, 3. Bourreliers, 1. Cordonniers, 2. Marchands de planches, 1. Mercier, 1. Meuniers à huile ou fabricants d'huile, 4. Cafetiers, 3. Marchands de liége en détail, 2. Débitant de vin, 1. Fermier de l'octroi, 1. Fermier du pesage, 1. Tonneliers, 2. Patacher, 1. Marchands de tissus, 4. Pharmacien, 1. Notaire, 1. Maréchaux-ferrants, 3. Menuisiers, 2. Officier de santé, 1. Exploitant de pressoirs à bras, 1. Charron, 1. Total, 95.

31.

PRODUIT ANNUEL DU TERROIR DE BORMES.

—

Blé. 2,000 charges (la charge vaut
8 doubles décalitres) à
30 fr. la charge...... 60,000 fr.
Paille. 6,000 quintaux (le quintal
vaut 40 kil·), à 1 f. 50. 9,000 »
Foin. 10,000 quintaux à 3 fr. le
quintal .... 30,000 »
Légumes. 400 charges à 40 fr. la
charge. .... 16,000 »
Vin. 1,200 boutes (la boute vaut
480 litres), à 40 fr. la
boute............. 48,000 »
Olives. 1,000 moltes (la molte vaut
16 doubles décalit.), à
50 fr. la molte...... 50.000 »
Pommes de terre, châtaignes, fi-
gues, amandes, poires,
oranges , citrons et
poncires, grenades et
autres fruits......... 17,000 »

Transportez............ 230,000 fr.

Transport..............	230,000 fr.
Cocons. 2,000 kilogr., à 4 fr. le kilogramme..........	8,000 »
Liége. 10,900 quintaux, net à 24 f. le quintal..........	261,600 »
Bois à brûler et charbon........	16,500 »
Fromages.....................	5,000 »
La pêche rapporte environ......	29,000 »
Pâturage.....................	10,000 »
Commerce des bœufs, moutons et chèvres	15,000 »
Total..........	575,100 fr.

32.

Bormes est le siége : 1° d'une cure allant devenir au premier jour un doyenné ; 2° d'un rectorat ou succursale et d'un vicariat ; d'un bureau de bienfaisance (hospice par ordonnances de 1439 et 1773 ; 3° de cinq postes de douanes, d'un capitaine et deux bureaux de receveur ; 4° d'une commission sanitaire confiée depuis quelque temps à l'administration des douanes ; 5° d'un syndicat de marine et d'un garde-pêche ; 6° de deux gardes forestiers ; 7° d'un instituteur communal, d'une institutrice communale, et d'un délégué

cantonal ; 8° le membre au conseil général,
M. Chappon, propriétaire à Bormes, et le membre au conseil d'arrondissement, M. Honnoraty,
notaire en la même commune.

33.

Vers le milieu du siècle dernier, une émouvante cérémonie réunissait les paroisses d'Hyères et de Bormes dans le sanctuaire de Notre-Dame-de-Constance, chapelle située au nord du
pays, dédiée par nos pères sous ce vocable à la
Mère de Dieu. M. Bruno Jauvat desservait en ce
temps notre paroisse. D'après l'avis de M. le curé
d'Hyères, il vint s'adjoindre aux pieux pèlerins
avec ses paroissiens, qu'un même besoin et un
même esprit dirigeaient vers le secours des chrétiens. La tradition nous a appris, avec ce fait, la
sècheresse peu commune qui en fut la cause.

Il eût été beau de voir ces deux pieuses armées
arborer leurs pacifiques drapeaux au lieu connu
sous le nom de Puits de Castellan, et, prosternés,
entourer sur un sol aride le Dieu de charité apporté en triomphe comme signe de communion
d'idées et de sentiments parmi des frères. Vous
eussiez cru assister à ces assemblées des tribus
israélites stationnées autour de l'arche dans le
désert. Hommes et femmes, jeunes et vieux,

tous imploraient le Dieu qui tient dans ses mains les réservoirs célestes. Le digne curé que nous venons de nommer, comme représentant de sa chère tribu, offrit au Dieu caché le salut suivant, composé par lui pour cette circonstance :

O incomprehensibile mysterium !
Qui totam mundi machinam gubernat
Sub specie panis per suam potentiam manei ....
Angeli et archangeli adorate eum et psallite illi.
Carmine novo homines per fidem nituntur adorare eum.

« O incompréhensible mystère ! celui qui » gouverne le monde par sa puissance, demeure » sous l'espèce du pain !

» Anges et archanges, adorez-le ; chantez lui » des cantiques, et nous, ne le voyant que par la » foi, nous essayons aussi de lui offrir nos ado- » rations sous une forme nouvelle. »

Après cette reconnaissance au pied d'un autel de feuillage, les deux processions réunies se rendirent, en chantant religieusement les litanies des saints auprès de la madone vénérée qui sourit gracieusement à leurs vœux, et leur accorda une pluie abondante.

Ainsi la piété de nos pères était utile à tous, parce qu'ils savaient croire, prier et espérer ! !!

34.

Après avoir placé sous les yeux de nos lecteurs
tout ce que Bormes possède en souvenirs utiles
et agréables, nous devons, pour nous rapprocher
un peu plus du précepte d'Horace. ne point né-
gliger de dire que, sous le rapport hygiénique,
Bormes est encore un pays privilégié : en aucun
temps, nulle trace d'épidémie ; et si l'on récusait,
à ce sujet, les témoignages les plus authentiques,
les plus anciens, n'en trouverait-on pas une
preuve incontestable dans les constitutions de
ses habitants qui résistent, quelque temps qu'il
fasse, aux plus rudes travaux ; résultat évident
d'un sang pur, et du beau ciel sous lequel ils ont
le bonheur de vivre.

Là se terminent, cher lecteur, les notes recueillies sur Bormes. Puissent ces pages dérobées à la poussière du temps, comme l'épis du glaneur, redire à nos neveux ce que furent nos pères et les diverses péripéties de leur vie agitée ! Peut-être en aimeront-ils davantage leur antique pays, et ce modeste travail aura atteint le seul but auquel il était destiné.

Que si un œil étranger les parcourt avec cette curiosité respectueuse qu'excitent les choses passées, pour lui aussi, cette œuvre bien qu'incomplète, ne sera pas sans intérêt. Au respect succèdera le désir de visiter ces lieux qu'une nature jalouse a caché dans une aimable solitude. Là, sous un ciel toujours riant, il pourra étudier à loisir les mœurs, les goûts et les actes de nos ancêtres sur cette terre qui n'a conservé sa teinte d'antiquité que pour l'unir heureusement aux dons plus gracieux de notre siècle. Bormes lui présentera l'aspect du vieillard, fatigué d'une longue course, qui dépose ses membres à demi-ruinés, mais toujours respectables, sur le pen-

chant d'un coteau pour contempler une riche nature ; et, sur ce sol qu'a foulé le solitaire de la
Calabre, quand le passé et le présent nourriront
tour à tour sa rêveuse pensée, et que chaque
pierre, chaque ruine, les arbres et les ruisseaux
lui rappelleront ce qui n'est plus, comme le phi-
losophe ancien, il ne se croira étranger à rien de
ce qui intéresse les hommes.

> « *Homo sum et nihil humanum*
> *» A me alienum puto.* »

FIN.

HYÈRES. --- IMPRIMERIE DE CRUVÈS, PLACE DE LA RADE.